Amando Nossos Filhos no Propósito

Danny Silk

Amando Nossos Filhos no Propósito

Fazendo uma conexão de coração para coração

Amando Nossos Filhos no Proposito
Danny Silk

Tradw;ao original do livro: *Loving Our Kids On Purpose*

Publicado originalmente por: Destiny Image® Publishers, Inc
P.O. Box 310, Shippensburg. PA 17257-0310
www.destinyimage.com

ISBN 13: 978-0-7684-4736-1
eISBN 13: 978-0-7684-4737-8

Este livro é dedicado aos meus filhos: minha filha mais velha, Brittney e seu esposo, Ben; meu filho mais velho, Levi; e meu filho mais engraçado, Taylor. Vocês trouxeram à tona o melhor em mim. Eu os amo, completamente, de todo o meu coração.

RECONHECIMENTOS

Minha Escolhida, Sheri: Você tem ajudado a tornar-me o homem que eu sempre sonhei. Eu te amo!

Bill e Beni Johnson: Não há ninguém neste planeta que reestruturou o meu mundo interno de uma forma tão completa e impactou meu legado como vocês dois. Obrigado!

Kris e Kathy Vallotton: A quem o consultor vai quando seu casamento está passando por problemas? Melhores amigos. Obrigado por sempre estarem presentes para nós.

John e Sandy Tillery: Vocês partilharam em minha vida meu amor pela comunidade e serviço. Vocês me ensinaram que não existe o "secular". Vocês me mostraram quão grandiosa a aventura da vida se torna quando eu me expresso para o mundo inteiro. Obrigado!

Mountain Chapel, Weaverville, Califórnia: Vocês pegaram um garoto e o transformaram em um homem. Obrigado!

Bethel Church, Redding, Califórnia: Vocês pegaram aquele homem e vem transformado o mundo com ele. Obrigado por me enviar ao mundo inteiro.

Allison Armerding: Você me faz parecer um gênio. Obrigado!

Depoimentos

É muito difícil promover o ministério de Danny Silk sem parecer que eu tenho a necessidade de exagerar. Mas a verdade é que, no meu círculo social, ele é sem igual. Seu discernimento o dá acesso a assuntos-base que têm se tornado obstáculos para a paz e a bênção relacional, enquanto sua sabedoria o permite ser um "construtor de famílias" e um "arquiteto de relacionamentos". De todo o meu coração recomendo Danny e todo seu material para ajudar a trazer à tona o melhor de Deus para sua vida.

- Bill Johnson
Líder Principal, Bethel Church
Redding, Califórnia

Eu conheço Danny Silk há mais de vinte e cinco anos. Sua incrível habilidade de entender as principais causas de problemas de comportamento é maior do que qualquer outra pessoa com quem eu tive contato nos meus trinta anos de trabalho com pessoas. Nossa equipe o tem incentivado a escrever este livro há muito tempo, já que sua sabedoria interminável necessita ser compartilhada com as massas.

Mas leitor, tome cuidado: As percepções do Danny freqüentemente destroem mentalidades religiosas antigas e liberta pessoas do fardo do cativeiro da prisão espiritual. Você se verá rindo e chorando à medida que entra em novos paradigmas relacionais enquanto mergulha de cabeça em sua espada. Suas histórias irão capturar seu coração; sua sabedoria o surpreenderá; e sua vida o mudará para sempre. Este livro é leitura obrigatória para todos independente de ter ou não filhos.

- Kris Vallotton
Pastor Auxiliar Principal da Igreja Bethel (Bethel Church)
Co-fundador da Escola Bethel de Ministério Sobrenatural (Bethel School of Supernatural Ministry)
Autor de Os Caminhos Sobrenaturais da Realeza (The Supernatural Ways of Royalty) e Desenvolvendo um Estilo de Vida Sobrenatural (Developing a Supernatural Lifestyle)

Como diretor de uma escola de ensino médio, tive o privilégio de ver Danny Silk em ação tanto com minha equipe quanto com pais. Quando Danny e eu nos conhecemos, eu estava no fim das minhas forças, havia me cansado de aconselhar pais machucados que tratavam os sintomas de relacionamentos destruídos, mas ignoravam as doenças que os causavam. Amando Nossos Filhos no Propósito é uma ferramenta poderosa que descreve o porquê, mas também dá aplicações básicas e honestas sobre como devemos criar nossos filhos em um ambiente de amor que permitirá que seus futuros venham à tona. Ser pai e mãe é o maior chamado de nossas vidas, assim como a tarefa mais difícil que poderíamos encontrar. A honestidade e habilidade do Danny para contar histórias que são pertinentes a qualquer pai mostra através de exemplos, como a Nova Aliança de Deus conosco se aplica à criação de filhos e nos permite nutrir um relacionamento correto com nossos filhos através do amor, ao invés do medo.

Eu já vi pessoalmente isso acontecer em minha escola, onde pais e filhos religaram seus corações e os frutos do amor e da paz se tornaram evidentes em suas vidas. Este livro é leitura obrigatória para todo pai e mãe, professor, assistente social, ou qualquer um que tenha relação com crianças e famílias. As revelações do Danny são ferramentas para o sucesso em alcançar nosso alvo mais importante – a criação de filhos para cumprir o destino que Deus tem para eles.

- Chris Adams
Administrador de Serviços Educacionais
Ensino Médio do Distrito de Shasta Union
Redding, Califórnia

Meu amigo Danny Silk finalmente publicou suas percepções e dons para uma criação efetiva e sadia de filhos com o objetivo de gerar famílias fortes e funcionais. Com o profundo tema bíblico de educação de filhos focada nos problemas e conexões do coração, Danny apresenta um exemplo desafiador de como o Reino de Deus é o reino de relacionamentos corretos.

Por fim, Danny demonstra convincentemente que nós, pais, somos responsáveis por construir e nutrir ambientes caseiros de amor, respeito, honra e liberdade, não baseados no medo, controle, perfeccionismo e reações a erros em excesso. Danny nos guia sistematicamente a como prover uma estrutura de escolhas aceitáveis e promover uma disciplina interna em nossos filhos – os ensinando a controlar seus problemas para encontrar soluções

– resultando na construção de seu caráter cristão. Danny oferece planos nos equipando com ferramentas na criação de filhos com propósito: disciplinando com postura em vez da distração de perseguir comportamentos; favorecendo amor e conexão de coração em relação à complacência insensata; e treinando nossos filhos a navegar nas águas da liberdade e oportunidade através do responsável compartilhamento de poder e controle, para que não se tornem estranhos a esses, tornando-os presas fáceis em um mundo cheio de más opções.

- André Van Mol, MD
Clínico Geral

Danny Silk é apaixonado por ajudar famílias a alcançar seu mais alto potencial em comunicações de amor. Ele é um orador inovador e hilariante, ensinando as verdades de Deus sobre amor, honra e respeito em uma forma de fácil digestão tanto para cristãos como audiências seculares. Sheri, sua esposa, tão sábia e engraçada como ele, freqüentemente o acompanha em conferências e seminários, um dueto dinâmico, dois em um.

Eu tenho sido conselheiro por 40 anos e continuo a compilar novas revelações sobre interações familiares saudáveis cada vez que eu ouço Danny em uma apresentação. Ele tem compartilhado local, nacional e internacional em igrejas, escolas, e comunidades. Seu material e aparições não podem ser perdidas.

- Kay Morris Long, M.S.W.
Terapeuta Social Clínico Licenciado

Danny Silk é um pastor incrível e um sábio professor, mas acima de tudo, tem sido um amigo incrível para mim. Eu posso dizer com orgulho que ele tem sido uma das pessoas que mais tem impactado minha vida, principalmente pelo fato de seus conceitos de amor, honra, respeito e liberdade serem não só o assunto dos seus ensinamentos, mas a forma como ele vive.

Transformação parece ser sua palavra favorita. E aprendi com ele como sair de relacionamentos baseados no controle e medo em direção ao amor e à liberdade real. Até mesmo meu casamento, minha família e minha igreja inteira foram transformados.

Tenho certeza que Amando Nossos Filhos no Propósito trará percepções tremendas para o leitor não só sobre criação de filhos, mas como relacionarem-se uns com os outros. Mas o principal neste livro são as verdades que o permitirá levantar uma geração de filhos livres e poderosos – algo que realmente precisamos neste mundo.

Amando Nossos Filhos no Propósito é um livro que todo pai, professor e pastor deveria ler.

Angel Nava
Pastor Presidente
Igreja Sementes de Vida (Semillas de Vida)
La Paz, México

Enquanto lia isto, eu entendi (novamente) que, o que eu pensava ser proteção radical, na verdade era minha necessidade de controlar toda situação com meus próprios filhos. Estes princípios me dão a oportunidade de ter um relacionamento com meus filhos baseado em amor, não controle.

Quando comecei a ler não consegui mais parar!

- Debra Reed
Diretora do Ministério Infantil

Igreja Bethel
Redding, Califórnia

Não há receitas médicas, contrato de comportamento ou centros de detenção juvenil que possam tomar o lugar de Amando Nossos Filhos de Propósito. Obrigado, Danny Silk, por nos dar um guia prático de como trazer o amor perfeito de Deus para nossa juventude. Se nós, como comunidade cristã, não pudermos nos conectar com nossos jovens de uma forma significativa e amorosa – tudo está perdido. Trate jovens como problemas e eles se tornarão problemas. Trate-os como filhos de Deus e os frutos serão vistos por décadas.

- Christine M. Lewin, EdD
Administradora Distrital de Ensino Médio

Danny Silk é um professor e contador de histórias extraordinário. Você irá rir e será surpreendido com prazer à medida que Danny abre seus olhos para uma perspectiva única de como trazer o amor de Deus como postura predominante na criação e disciplina de seus filhos. Você receberá ferramentas específicas assim como inúmeras ilustrações para levar para casa as posturas e conceitos que Deus tem ensinado a Danny através de sua jornada pessoal na criação de filhos. O maior benefício de todos é que você ouvirá repetidamente a bondade de Deus e como ver relacionamentos familiares através dos olhos de Seu amor.

- Barry Byrne, MS
Terapeuta Licenciado de Casamento e Família
Presidente, Living Strong, Inc.

Amando Nossos Filhos no Propósito deu vida à nossa família. Trouxe-nos paz na criação de filhos. É o livro de bolso que deveria vir com toda criança.

- Anthony e Jenney Mason – Pais de três

Danny impactou tremendamente nossa cultura. COMPASS Care Services emprega mais de 120 indivíduos, e seu treinamento deu à nossa equipe um entendimento claro de valores como responsabilidade e liberdade pessoal. Nossos supervisores receberam ferramentas poderosas para comunicar estima para seus subordinados, sem tirar a responsabilidade por suas escolhas. Nossos empregados foram tão tocados pelos seus conceitos e mensagens que ainda estão usando "Dannyismos" três meses depois! Nós o traremos outras vezes, para receber mais de sua sabedoria e perícia.

- Eric Hess
CEO COMPASS Care Services

Como mãe solteira e empresária, é fácil dizer que tenho estresse em minha vida. Sou tão grata a Danny por este livro: Meu lar saiu de um lugar de caos e confusão para um de paz e amor. Eu estou diariamente implementando tudo que aprendi com este material e passei de relacionamentos cheios de raiva e desgosto com meus filhos para relacionamentos de alegria, amor e conexão de corações. Eu nunca pensei que poderia estar "apaixonada" por meus filhos devido a toda ira e raiva que carregava. Derramo lágrimas ao olhar para trás e ver onde estávamos e onde estamos hoje.

- Dina Gifford – Mãe de três.

Eu amo esse estilo de criação de filhos; nossos filhos já estão se tornando pessoas com quem "é legal estar" e fazendo escolhas incríveis. Eu posso levá-los a qualquer lugar comigo sem discussões ou frustrações. Eu na verdade gosto de fazer compras com meus filhos. Sempre recebo bons relatórios quando Aiden vai para casas de amigos brincar, já que ele tem se tornado fabuloso em tomar decisões mesmo aos 4 anos de idade. Ele ama me contar as boas decisões que ele tomou, e tem muito orgulho quando toma decisões fáceis de lidar. Obrigado, Danny, por toda sua maravilhosa percepção, conhecimento e ajuda.

- Christie Farrelly – Mãe de três.

Enquanto arrumava minha filha para a escola semana passada, gritei "Se apresse!" Minha filha de quase três anos respondeu, "Você não está sendo uma pessoa muito legal de se lidar, mãe". Naquele momento eu entendi – está funcionando.

- Jenn Johnson – Mãe de três.

Amando Nossos Filhos no Propósito nos levou a ver nossos diferentes estilos de criação de filhos, cada um vindo de experiências familiares bem diferentes através do método "jeito dele/ jeito dela". Agora temos apenas o "nosso jeito". Que alegria poder trabalhar a partir de um só padrão.

Passamos pela série repetidamente, tanto juntos como separados. Há algo interessante sobre essas ferramentas – os princípios funcionam em todas as idades, então esteja preparado para ter um relacionamento mais saudável com todos perto de você!

- Aaron e Krisann Gentry – Novos pais

Algo que amo sobre meus filhos é o valor tremendo que eles têm por si mesmos. Em suas mentes, todos os adultos deveriam ter o mesmo tremendo valor por eles! Eu atribuo isto a Amando Nossos Filhos no Propósito e a ter Danny e Sheri Silk em nossas vidas!

- Anna Ladd – Mãe de três

Sou muito grato pelas ferramentas e princípios ensinados em Amando Nossos Filhos no Propósito. Além das grandes técnicas, eu amo a mentalidade que promove um ambiente seguro para que meus filhos aprendam e cresçam agora, para que possam fazer sábias escolhas para o resto de suas vidas. Obrigado por prover uma forma de treinar meus filhos com respeito e honra; é inestimável!

- Jerome e Amanda Evans – Pais de dois

Após começar nosso casamento como "segundo casamento", meu esposo e eu tínhamos muito que consertar com respeito à criação de filhos. Vários anos (e filhos!) depois, podemos ver os frutos de Amando Nossos Filhos no Propósito em nossas relações diárias um com o outro e com cada um de nossos filhos. Desde o meu filho de três anos até o de vinte e três, temos conseguido estabelecer relacionamentos que são conduzidos por um desejo de conexão e não pela calamidade do "dele, dela e nosso" que acontece com tantas famílias unidas dessa forma.

- Eric e Angela Brooks – Pais de sete

Os princípios de Amando Nossos Filhos no Propósito trouxeram paz ao nosso estilo de criação de filhos. Fez da criação deles uma alegria e estar com eles uma diversão.

- Ian e Jennifer Kilpatrick – Pais de quatro

Semana passada minha filha de oito anos, Maci, estava se recusando a se vestir para a escola e tendo um ataque de raiva. Eu a disse que não havia problema se ela não se vestisse, mas se ela não estivesse pronta às 08h08min eu a levaria para a escola em seu pijama. Ela imediatamente parou com seu ataque de raiva, se vestiu e foi para o carro pronta pra ir! Obrigado, Danny, por toda sua sabedoria e ajuda na criação dos filhos! Nós te amamos, e Maci também!

- Heather Ferrante – Mãe de dois

Este estilo de criação de filhos fala principalmente de liberdade. Aprender a como deixar seus filhos pensarem por si próprios e assumir o controle e a responsabilidade de suas próprias escolhas, dá uma liberdade grande aos pais. Através disso, eu aprendi o quão incrível meus filhos realmente são!

- Christine Boring – Mãe de dois

Há momentos como pais que você pensa, "Estou fazendo isso certo?" Amando Nossos Filhos no Propósito dá ferramentas e segurança que te faz sentir como um gênio e você olha para seus filhos e percebe que eles são verdadeiros Gigantes do Reino. Obrigado Danny e Sheri.

- Scott e Julie Pewitt – Pais de três

Amando Nossos Filhos no Propósito nos treina, como pais, a construir uma relação amorosa com nossos filhos que nos farão atravessar a adolescência e seguir adiante. Ensinar nossos filhos a fazer boas escolhas e agir com autocontrole ainda na infância é um dos maiores presentes que podemos dar a eles e Amando Nossos

Filhos no Propósito está nos ensinando como fazê-lo.

- Peter e Jennifer Johnston – Pais de três

Como avós, estamos usando seus ensinamentos também. Nossos filhos estão implementando os princípios em seus filhos, e também estamos tentando fazê-lo quando estamos com Judah e Jaron. Gostaria que tivéssemos tido estes princípios quando estávamos criando nossos filhos.

- Jeff e Cathy Sampson – Avós de dois rapazes

ÍNDICE

Prólogo

Desde que me lembro sempre ponderei que ser um pai é o maior privilégio da vida. Não há nada que se compare a essa honra. Pense nisso: Deus verdadeiramente confia a nós a vida de outro ser humano para ser criado para Seu propósito. Se isso é verdade, então criar filhos para Deus é a maior responsabilidade na vida.

Quando eu e minha esposa começamos a ter filhos – e temos três – muitas pessoas bem intencionadas nos alertaram das dificuldades que teríamos enquanto eles cresciam. Eles dizem: "Ele é muito bonitinho agora. Mas espere até que ele tenha dois anos!" Eles chamam isso de os terríveis dois anos. E depois era: "Espere até ele ir para a escola", ou o mais popular, "Espere até eles entrarem na adolescência". Parecia que todos procuravam nos alertar sobre problemas em potencial, mas ninguém nos deu a resposta para essas questões. Era como se aqueles que tinham problemas com seus filhos parecessem esperar que tivéssemos problemas também, para que eles se sentissem melhor com suas experiências. Éramos jovens e ingênuos – quem éramos nós para pensar que poderíamos fazer melhor?

Beni e Eu decidimos ignorar esses alertas bem cedo, limpá-

-los de nossas mentes e abordar o privilégio de criar filhos como uma atribuição divina, para a qual Ele nos havia dado todas as ferramentas que precisaríamos para fazer muito bem. Vimos como cada fase da vida de nossos filhos trouxeram novos desafios, quando a sabedoria divina era necessária. Mas também descobrimos que Deus estava ansioso para partilhar Sua sabedoria a nós. Cada fase foi única e maravilhosa. Nós celebramos a vida, choramos com as falhas, e abordamos cada passo com grande esperança e propósito. A decisão que tomamos no início se fez verdade. Nossos três filhos estão casados e felizes, com filhos, e os netos estão agora no nosso radar. E cada fase realmente é melhor do que a anterior.

Agora freqüentemente dizemos aos pais que cada idade é divertida, e fica cada vez melhor. Muitos nos agradeceram somente por havermos dado esperança, porque aparentemente aqueles que nos alertaram das crises que viriam na criação dos filhos, reproduziram sua própria espécie, espalhando seu medo e terror para pais jovens, pensando que estavam fazendo um favor. Precisamos reverter esta mentalidade. Isto não deveria existir na igreja!

Ainda que não seja segredo que a família tem estado em crise, também sabe-se que a restauração da família está no topo da lista de prioridades de Deus. Isso significa que o Céu está patrocinando nosso sucesso. Mas como? É assim que Danny Silk surge com Amando Nossos Filhos no Propósito. Ele me deu a esperança de saber que uma tarefa tão intransponível como ver a família restaurada na nação é realmente possível.

É muito difícil descrever a profundeza e a natureza deste livro. A sabedoria do Danny é extremamente rara. Sim, é sobre criação de filhos. E sim, ferramentas são dadas para que isso seja bem feito. Mas a impressionante natureza deste livro é que ele nos dá sabedoria, visão e propósito para que seja possível formar o curso da história do mundo. É verdade. Danny mostra uma visão geral tão firmemente que você não poderá esquecer. Os valores principais do Reino de Deus e um reino de liberdade tornam-se o alicerce da família – sua família.

Jesus disse que o Reino de Deus está em nós. Isso significa que todas as questões do Reino são questões do coração. Essa é a área onde o Danny é perito: o coração. Ele efetivamente sintetiza as questões da vida, habilitando cada pai a fazer correções necessárias para restaurar o propósito e a alegria na experiência da criação de filhos. Você irá rir, chorar, e principalmente se arrepender à medida que lê este livro. E cada expressão é bem-vinda na nossa busca para impactar o mundo através de famílias do Reino.

Eu tive o privilégio de trabalhar com o Danny por muitos anos. Eu vi quando, através de sua influência, desastres multigeracionais em famílias foram revertidos em semanas, não anos. O impacto em nossa comunidade é surpreendente. Este livro é tão profundo que eu gostaria que fosse leitura obrigatória a todos os cristãos, não somente pais. É sobre o coração, o Reino, e nosso propósito eterno. Desfrute!

- Bill Johnson

PREFÁCIO

Eu tenho ensinado educação e criação de filhos desde 1991. Tudo começou quando eu iniciei uma busca para encontrar um método para instruir pais cristãos adotivos a disciplinar crianças sem o uso de punição corporal. Eu nunca havia refletido o quanto a criação de filhos envolvia dar palmadas ou pelo menos a ameaça de fazê-lo, até aquela busca. Eu e Sheri havíamos dado palmadas em nossa primeira filha, Brittney, sem pensar o que poderíamos fazer em vez disso. Enquanto isso, a maioria das famílias que recrutei como pais adotivos tinham o mesmo paradigma.

Um dia, enquanto visitava um lar adotivo já com experiência, observei algo que nunca havia visto antes. Ela tinha nove crianças em sua casa. Algumas já eram adotadas e outras esperavam para ser adotadas por esta senhora. Todas essas crianças foram diagnosticadas com Transtorno Reativo de Vinculação (TRV). Isso é um distúrbio severo no qual a criança não consegue manter vínculo algum com aqueles que cuidam dela e freqüentemente não conseguem manter vínculo algum com outras pessoas. Várias dessas crianças haviam tido comportamentos tão extremos que foram removidas dos seus pais biológicos quando muito jovens. Queimar a casa da família inteiramente, estrangular irmãos e irmãs, matar animais de estimação da família, e cometer algum ato de violência contra os pais são apenas algumas das coisas que essas crianças haviam feito antes de chegarem a esta casa.

Eu não tinha idéia de nada disso antes de chegar ali. Quando eu entrei no local, notei crianças sentadas quietamente em lugares organizados na casa. Ela estava dando aulas escolares a eles em sua casa. Crianças bem comportadas e controladas eram tudo o que se podia ver. Ela me disse alguns dos eventos bizarros que haviam acontecido em sua casa. Ela descreveu comportamentos que resultariam em recolocação das crianças em outros lares adotivos. Em vez disso, esta mulher trazia mais crianças desse tipo à sua casa.

Eu perguntei como ela estava fazendo isso. E foi aí que tudo começou a mudar em minha forma de pensar e meu comportamento mediante meu mundo. Ela mencionou que havia procurado um centro em Golden, Colorado, chamado Instituto Cline-Fay. Foi lá que ela obteve ajuda com seu primeiro filho adotivo, que havia sido diagnosticado com TRV. Este centro era especializado em criar uma ligação entre crianças que sofreram sérios abusos com quem iria cuidar delas e com seus pais. Ela então me explicou algo chamado Amor e Lógica.

Foi a primeira vez que ouvi de Amor e Lógica, embora já existisse por vários anos. Ela tinha um catálogo e eu comprei duas fitas cassete: "Os Quatro Passos Para a Responsabilidade" e "Helicópteros, Sargentos e Pais Consultores." Eu ouvi essas duas fitas por um ano em meu carro. Elas estavam cheias de histórias divertidas que me ajudaram a entender os princípios e lembrar os passos para usar as habilidades.

Eu comecei a compartilhar Amor e Lógica com meus pais

adotivos e logo comecei a fazer treinamento de educação na criação de filhos para eles. Finalmente, a empresa para quem eu trabalhava, Remi Vista, comprou um currículo de treinamento para pais. Levaria muito tempo para fazer da forma deles, então eu o revisei e comecei a ensiná-lo para nossos pais adotivos. Dentro de dois anos, eu estava fazendo um seminário de seis horas do tipo do Amor e Lógica em escolas e grupos de pais em todo o condado. Eu nunca voltei atrás.

Foster Cline e Jim Fay, os criadores do Amor e Lógica, haviam descrito com palavras e habilidades o que eu sabia ser um padrão segundo o coração de Deus. O fundamento de tudo neste livro vem dos anos que passei treinando pais e vivendo eu mesmo no contexto de minha fé. Embora eu nunca os tenha conhecido, sou eternamente grato por sua influência em minha vida e nas vidas daqueles a quem eu influencio. Paz!

Introdução

Bem-vindo a Amando Nossos Filhos No Propósito! Isto pode ou não ser nova informação para você, mas é provavelmente uma mudança radical de paradigmas. Este livro desafiará o que você conhece sobre amor, disciplina, honra e seu alvo geral sobre criação de filhos. Este livro também irá apresentá-lo a uma forma de pensar e viver que trará calma e paz à sua família e outros relacionamentos.

Este livro mudará a qualidade de vida de seu lar. Não haverá mais discussões com seus filhos. Isso mesmo! Não haverá mais brigas sobre o que é "justo" ou "correto". Diga adeus a brigas sobre fazer tarefa de casa ou obrigações a serem terminadas a tempo. Você pode tomar o controle de sua vida de volta e aprender a ver seus filhos através de uma nova ótica.

Você será colocado em um caminho que mostrará a seus filhos o coração de Deus como nunca antes. Você conhecerá a paz e a alegria que sempre quis como pai. Você descobrirá como o "Amor lança fora o medo". Este livro te mostrará como construir um relacionamento de amor e confiança com seus filhos que os inspira a cuidar do seu coração enquanto eles começam a tomar as próprias decisões sobre a vida. Sim, este livro o ajudará a confiar em seus filhos.

Vamos explorar quão poderosos seus filhos foram planejados para ser. Você irá se maravilhar o quão responsáveis, respeitosos e auto-controlados seus filhos podem ser. Embora isso não vá acontecer com um estalar de dedos, você poderá tentar coisas enquanto lê este livro e experimentar resultados imediatos.

Assim como toda mudança de paradigmas, você precisará se equipar com reforços a respeito do que está aprendendo. Portanto, temos seis horas de seminários gravados que você poderá comprar no site do lovingonpurpose.com. Além disso, MP3, CDs, DVDs e manuais de trabalho estão disponíveis para sustentar esta mudança. Eu entendo que, se esta for sua primeira exposição a esta abordagem com relação à criação de filhos, você precisará um pouco de tempo para avaliação e algumas vitórias, antes que possa redirecionar completamente sua forma de viver em família. Eu realmente recomendo que você adquira o material de ajuda para construir em cima daquilo que te será apresentado neste livro.

Espero que você aprecie a leitura deste meu primeiro trabalho.

Capítulo 1

A Raiz do Problema

No outono de 2006, eu e meu amigo Banning Liebscher (o pastor de jovens da Igreja Betel) tivemos a oportunidade de oferecer uma série sobre criação de filhos na escola local de ensino médio. Tivemos seis semanas de encontros de duas horas uma vez por semana com pais cujos filhos estavam correndo o risco de serem expulsos da escola. Muitas faltas, notas baixas e visitas à sala da direção por indisciplina identificavam essas famílias para este programa. Embora o programa houvesse sido fortemente recomendado, ainda assim era voluntário, e somente quatro pais estiveram presentes na primeira noite. Felizmente, várias outras famílias da comunidade haviam ouvido sobre o treinamento e vieram também, ajudando a encher a sala.

Uma mulher, que parecia desconfiada e "dura", estava sentada na primeira fileira enquanto eu ensinava e interagia com o grupo. Constatou-se que ela estava devastada e ferida. Finalmente chegou um ponto quando ela cansou de me ouvir falar, como se questões na criação de filhos fossem fáceis de lidar e falou abruptamente, tanto com frustração quanto com esperança, "Tudo bem, *Senhor Sabe Tudo!* Eu tenho uma filha de 14 anos que briga comigo pelo menos cinco vezes ao dia. Ela briga com seu irmão e irmã sempre que está perto deles. Ela não vai passar em nenhuma matéria, fuma maconha, dorme com o namorado, e foge de casa durante a noite. O que você vai fazer em relação a isso, hein?"

A turma toda ficou estupefata. Cada um ali tinha sua própria história, mas a dessa senhora era com certeza a mais desesperadora. Ela estava completamente acabada. Sua filha mais velha estava fora de controle, e sua casa era um caos completo.

Eu simplesmente olhei para ela, balançando minha cabeça e tentando me esquecer de que fui chamado de "*Senhor Sabe Tudo*". Finalmente, eu disse: "Me fale sobre sua relação com sua filha. Descreva a relação de coração para coração que há entre vocês duas".

Ela olhou para mim como se perguntasse: "O quê?". Então eu repeti o que havia dito. Ela não estava esperando essa resposta. Ninguém na sala estava. Ficamos em silêncio enquanto ela pensava por alguns minutos, então as lágrimas vieram. Esta mãe abaixou sua cabeça e disse: "Nós não temos uma relação. Temos medo uma da outra".

Eu disse: "Este é o maior problema que você tem agora com sua menina. Esta falta de relação é o ponto principal. Precisamos de uma solução para este problema antes que possamos abordar soluções para as outras questões".

Ela olhou para mim como se eu tivesse batido no seu nariz com um jornal enrolado. Ela não conseguia acreditar no que estava ouvindo. Ela pensava que precisava de uma forma mais efetiva de controlar sua filha e sabia que nada que havia tentado estava funcionando. Há muito tempo ela não pensava sobre seu amor.

Falamos rapidamente algumas formas de reatar sua conexão, então ela saiu. Na semana seguinte, perguntei se alguém havia tentando algo novo na última semana e se havia alguma pergunta que eu poderia responder antes que começássemos a parte seguinte. Ainda sentada na primeira fileira, mas agora sorrindo, a mulher falou: "É um milagre! Nós só brigamos duas vezes esta semana! É um milagre! Ela está mais gentil com todos na casa. Estamos todos chocados. É um milagre!".

A sala inteira irrompeu em aplausos. Ela irradiava esperança e vitória.

Eu a perguntei o que havia feito. Sua resposta foi inestimável.

"Eu fui para casa pensando o que você havia falado sobre a nossa conexão. Eu nunca havia imaginado que esse era o problema. Eu então entendi que não estava sendo eu mesma em nosso relacionamento. Eu estava ferida e com raiva todo o tempo com ela. Eu era mais controladora do que nunca. Eu não fazia idéia que eu também era uma parte do problema, assim como ela. Então, eu fiz o que você disse e arrumei minha bagunça. E pedi perdão por ser tão controladora e desrespeitosa. Eu a disse que as coisas seriam diferentes porque eu iria mudar. Eu disse que a amava mais do que ela poderia imaginar. Eu chorei e a segurei". Ela sorria enquanto contava a história. "Eu acho que a assustei bastante".

Isso foi na terceira semana. Na semana seguinte, essa mãe veio à sala e sua filha entrou atrás dela. Ela não olhou pra mim e decidiu sentar no lugar mais alto da sala, que era como um teatro. Completamente sozinha, ela ficou olhando para baixo, para a sala pouco ocupada.

Sua mãe tinha outro testemunho aquela noite. Ela disse: "Nós não brigamos nenhuma vez esta semana. Isso não acontecia há anos". Ela estava radiante e pulando em sua cadeira, aplaudindo a si mesma. Ela então virou e apontou para a jovem sentada na fileira mais alta. "Minha filha veio à aula comigo hoje para descobrir o que vocês estão fazendo com sua mãe".

A turma irrompeu em risos e aplausos.

Na semana seguinte a mãe veio à aula seguida por sua filha e seus outros dois filhos. Todos ficaram na sala fazendo tarefa de casa perto de sua mãe.

Na sexta e última semana, fiz a mesma pergunta que havia feito nas semanas anteriores: "Há alguma pergunta ou situações com as quais eu os poderia ajudar?". A sala teve uma resposta que eu e Banning, que seguidamente temos feito essas reuniões duas ou três vezes ao ano por três anos, vemos como comum. Primeiro, havia um silêncio misterioso. Então, finalmente, um dos pais disse: "Não sei o que está acontecendo em outras casas, mas na nossa há paz".

O Ponto Principal

As suas relações familiares manifestam o fruto da paz?

> "*para que se aumente o seu governo, e venha paz sem fim...*"
>
> *Isaías 9:7*

Paz é um fruto do Reino de Deus. Mas como você estabelece o governo dos Céus em sua casa? Para responder a esta questão, você precisa examinar seu "ponto principal". Qual é a questão mais importante para você, como pai, quando você está interagindo com seus filhos? O fator motivador da forma como você cria seus filhos é compatível com aquilo que leva o coração do Pai a Seus filhos?

Reconhecer o seu ponto principal é, verdadeiramente, a primeira tarefa que deve ser feita.

Eu poderia dizer que para a maioria de nós, pais, o alvo na criação dos filhos é ensiná-los a *obedecer*. Desde o momento que os encontramos no nascimento, nosso esforço é direcionado para moldar os desejos e vontades de nossos filhos. Nós os mostramos o que é "bom" e "ruim" e então os ensinamos a escolher o "bom". Com toda nossa força, tentamos nos assegurar de que eles se tornarão "bons", e que a forma óbvia para realizar isso é ensiná-los a *fazer como nós queremos*.

Este livro o mostrará que o alvo da obediência e submissão é um alvo inferior. Pode até mesmo ser prejudicial tanto para o desenvolvimento da responsabilidade pessoal do seu filho assim como sua percepção de Deus, o Pai. Embora obediência seja uma parte importante de nosso relacionamento com nossos filhos, não é a qualidade mais importante. Se falharmos ao não cuidar das questões mais importantes primeiro, o que construirmos em cima dos fundamentos não suportará o que esperamos realizar como pais.

Quando os fariseus perguntaram a Jesus qual era o mandamento mais importante, Ele os assustou com Sua resposta. Eles estavam preparando uma armadilha com a sua resposta, mas em vez de se acuar em um canto, Ele os deu uma revelação. Sua resposta foi em essência: "Ame Deus, ame seu próximo, e ame a si mesmo" (Lucas 10:27). O maior mandamento é *amor*. Estes fariseus esperavam que Ele dissesse: "Obedeça *este* mandamento", porque sua cultura se baseava na prioridade da obediência e conformidade com "as regras". Em uma só tacada, Jesus colocou *relacionamento* acima de *regras*. Amor e relacionamento é o ponto principal do Reino, e precisam ser nossos se desejamos estabelecer uma cultura do Reino em nossos lares.

Há uma grande diferença entre uma cultura onde obediência e conformidade é o ponto principal e uma cultura onde o relacionamento é o ponto principal. O contraste talvez seja visto mais claramente quando as pessoas falham. Imagine isso: seu filho, que está na sexta série, chega em casa com um boletim com uma nota abaixo da média. Como você reagiria (ou como já reagiu) a esta cena? Para a maioria dos pais, sua atenção imediata é a falta de compromisso da criança com o ambiente escolar e suas expectativas como pais. Eles se esforçam para colocar a criança de novo no caminho de um *bom aluno* ao comunicar seu desapontamento (e normalmente sua raiva) e lhe dando instruções de como se comportar melhor.

Realmente não há nada errado com essa abordagem para a solução do problema em geral. Mas isso perpetua um problema se os pais estão usando isso para alcançarem um alvo inferior, porque isso nunca irá focar nas questões do coração que são as que levam aos problemas, e isso não ajuda os pais a conhecerem seus próprios corações. Até que nossos filhos aprendam a lidar com o que está se passando em seu interior, não poderão aprender a lidar com a *liberdade*.

Eu quero dizer que liberdade é uma prioridade das mais altas nos Céus, porque é o que faz os relacionamentos possíveis. A cultura de relacionamentos dos Céus é totalmente diferente do que à maioria de nós podemos ver na terra porque Deus, o Pai está menos interessado em submissão e mais interessado em amor. Esta é a razão pela qual Ele está tentando nos preparar mais para *viver vidas totalmente livres em um ambiente de opções ilimitadas* do que tentando nos manter longe do pecado. Este é o coração de

Amando Nossos Filhos no Propósito, e, portanto, eu gostaria de mostrar como amar seus filhos com este objetivo em mente.

Nossa História

Eu e minha esposa, Sheri, somos pais há mais de vinte anos e eu posso dizer que criar três filhos têm sido uma das maiores alegrias que já experimentamos em nossas vidas e, possivelmente, o maior desafio. A parte principal desse desafio para nós dois tem sido aprender a criar nossos filhos em uma forma que é completamente diferente do jeito que nós fomos criados. O fato de ter filhos nos confrontou como nunca antes quando vimos que não poderíamos continuar a usar e passar adiante como herança as ferramentas que nossos pais nos deram para a vida.

Na verdade, deixe-me voltar muitos e muitos anos atrás. Em uma época que os dinossauros dominavam a Terra — tudo bem, não tão longe assim — havia dois jovens que se chamavam Danny e Sheri. A esses dois, não muito depois de tornarem-se cristãos e se casarem, foi dado como presente uma preciosa criança, e eles a chamaram Brittney. Só que essas duas pessoas não faziam idéia de como criar um filho, mas isso nunca havia sido um pré-requisito para ter um. Na Califórnia qualquer um pode ter um filho. É tão fácil quanto pescar, mas não é necessário ter uma autorização, não há temporadas quando você pode ou não ter um filho, e não há limites para quantos filhos você pode levar para casa.

Claro, Danny e Sheri haviam visto algumas crianças serem criadas (na verdade, eles próprios haviam sido criados), mas nunca foram ensinados a amar no propósito. Em vez disso, como a maioria das crianças, suas observações do mundo em que viviam quando cresciam os levavam a concluir que a sobrevivência vem de tentar imitar com sucesso outros em seu ambiente. Então é o que tentaram fazer. Quando se tornaram cristãos, começaram a imitar o comportamento cristão. Mas, infelizmente, depois de alguns anos, ainda não tinham idéia do que pais cristãos deveriam fazer.

Então um dia, Danny, tentando criar sua preciosa Brittney, disse: "Você quer que eu te dê um motivo para chorar?". Naquele momento, seu pai, que havia abandonado sua família quando ele tinha seis anos, saiu de sua boca, apareceu na sala de sua casa e começaria a criar a filha do Danny. Isso o assustou! Ele pensou: "Como uma pessoa que eu nem conheço pode ter tanta influência na forma como eu vejo as coisas e a forma que eu irei tratar esta criança? Como meu pai está voltando à minha vida? Como meu pai, que só havia conhecido Brittney uma vez na vida quando era pequena e nunca falou com ela, pode influenciar sua vida?". A resposta: através do Danny! Um estranho iria influenciar sua família através dos fundamentos que foram colocados bem cedo e há muito tempo em sua vida.

No Que Cremos

Todos nós temos um grupo de crenças que aprendemos como sendo "normais" quando fomos trazidos a este mundo. Todo nosso ambiente estabeleceu e reforçou essas crenças. É da natureza humana nos cercar com professores, técnicos, empregadores, pastores, líderes de igreja e próximos que reforçarão diariamente esses paradigmas. É por isso que todos próximos de você estão fazendo o que você faz e compartilham de um sistema similar de fé, filiação política, classe social e econômica. Em certo nível você os está imitando, e eles o estão imitando. Sempre que você chega perto de uma pessoa que não apóia suas crenças, essa pessoa se torna irritante — ou, pelo menos (e provavelmente), uma ameaça. Sua resposta para essas pessoas, tanto consciente quanto inconscientemente é: "Você me dá medo! Eu te quero longe daqui. Eu vou trazer pessoas pra perto de mim que me façam sentir confortável. Eles me ajudam a justificar a forma que eu estou vivendo". Quando temos sucesso em manter essas zonas de conforto, os fundamentos da nossa sociedade e de nossas vidas não são desafiados e tem um efeito duradouro na forma que cremos e nos comportamos.

O problema é que muitas de nossas versões de "normal" na verdade não tem nada a ver com o "normal" do Céu. Não estou falando daquilo que *dizemos* crer como verdade, mas o que realmente vivemos. Como eu e Sheri tentamos expor e desmantelar nossos antigos fundamentos e construir novos descobrimos que alguns dos fundamentos que outros cristãos haviam estabelecido em suas casas não estavam funcionando tão bem para eles também. Isso fortaleceu nossa paixão por articular, de um ponto de vista bíblico, que aspectos dos paradigmas na criação de filhos cristã funcionam ou não a ajudar os pais a enxergar como os Céus podem ser passados através deles para seus filhos.

Nosso comportamento emana de nossas crenças, da forma que interpretamos o mundo ao nosso redor. Eu poderia dar uma lista de ferramentas para usar com seus filhos, mas se você as usar com um paradigma desalinhado com a forma que o Reino de Deus trabalha, elas só darão problemas. Se um doutor diagnostica erroneamente um sintoma, não importa quanto o médico sabe sobre medicina. A receita será ineficaz e até mesmo prejudicial a menos que o doutor reconheça com precisão o problema correto. É de vital importância poder diagnosticar corretamente os problemas que vêm até nós. Nossas respostas às circunstâncias estarão certas ou erradas, dependendo da precisão de nossa interpretação. Se eu tentar mudar minha resposta às circunstâncias, apenas porque eu sei que é a resposta certa, mas continuando a perceber as coisas da mesma forma, entrarei em conflito comigo mesmo. Finalmente, eu me cansarei e voltarei a responder na forma que seja coerente com minha percepção.

Portanto, este livro é um livro de *porquês* assim como de *soluções*. Eu irei compartilhar contigo algumas histórias e te dar algumas ferramentas para te ajudar a realizar objetivos na vida real na criação de filhos. No entanto, sem estabelecer os valores básicos fundamentais de uma perspectiva divina em sua forma de pensar, essas habilidades e ferramentas serão simplesmente outras formas de manipular seu filho. Não é isso que eu quero te dar. Eu quero que você veja o coração, de onde coisas como liberdade, respeito, amor e autocontrole fluem.

De Dentro Para Fora

Como eu disse, quando Brittney, "criança experimental número um", chegou, eu e Sheri recebemos muito poucas ferramentas da nossa comunidade cristã. Então, nos dois primeiros anos de sua vida levávamos colheres de pau a todo lugar que íamos. Tínhamos colheres de pau na bolsa de fraldas, em nossos bolsos, no porta-luvas do carro, em cada cômodo da casa — até nas casas de amigos. A criança quase ficou com um pedaço de madeira em suas costas até os cinco anos. Por quê? Porque ela era uma "criança cheia de vontades", e eu estava convencido de que nosso trabalho era quebrar essa vontade. E quando ia até a caixa de ferramentas de criação de filhos como um jovem pai, o que eu tirava de lá era o que havia sido entregue a mim. Tudo que eu tinha eram martelos de tamanhos variados. Eu tinha um cinto de ferramentas com nove martelos de tamanhos diferentes. Imagine contratar um carpinteiro que aparecesse em sua casa com um monte de martelos e dissesse: "Estou aqui para construir sua casa. Trouxe todos os meus martelos".

"É a única ferramenta que você tem?"

"Sim, mas eu consigo construir uma casa apenas com martelos. É uma casa feia. Ninguém quer viver nela, mas eu consigo fazer. Eu consigo medir e abrir um buraco. Posso fazer quase tudo com um martelo".

"Ah, entendo. Não, obrigado".

Os martelos que meu pai me deu eram tamanhos diferentes de intimidação. E atrás dessas ferramentas de intimidação havia um grupo de crenças sobre ele próprio, eu, e a função e responsabilidade de criar filhos que eram simplesmente incompatíveis com o tipo de relacionamentos que Deus havia planejado para que tivéssemos com Ele e uns com os outros. (Efésios 3:15) diz que cada família na terra e no céu toma seu nome do Deus Pai. Ele planejou e teve a intenção de que nossas famílias expressassem o tipo de relacionamento que Deus planejou que tivéssemos com Ele. E se tentarmos criar nossos filhos na mesma forma que Deus nos cria, há uma grande chance de descobrirmos algo em nosso paradigma relacional que são incoerentes com a forma que Ele trabalha.

Vamos rever o que a Bíblia diz sobre como Deus se relaciona conosco como filhos. Ela diz que Ele fez conosco uma Nova

Aliança (Mt. 26:28). Quando Deus falou dessa Nova Aliança através do profeta Jeremias. Ele o fez em um tempo em que o paradigma cultural dominante era que Deus se relacionava com o homem de fora para dentro (Jr. 31:27-34). Israel tinha uma cultura de controle externo. Se você pecasse, se tornava leproso. Se pecasse, era apedrejada — com pedras reais. Se a nação pecasse, seus inimigos invadiriam seu território. Coisas como a coluna de nuvem os guiava de dia e a coluna de fogo à noite. Eles tinham os sacerdotes, o templo, e um monte de outras formas externas de ter experiência com Deus. De fato, praticamente todo aspecto da vida diária para o povo de Deus tinha alguma forma externa para se relacionar com Deus.

A Nova Aliança que Jeremias descreveu foi totalmente diferente. Ele profetizou acerca de um dia quando nossa aliança com Deus mudaria de uma experiência externa para uma experiência interna. O governo dos Céus mudaria de fora da pessoa para dentro da pessoa. Este era o relacionamento com Deus que Jesus apresentaria através de Sua morte e ressurreição. Jeremias disse:

> "*Eis aí vêm dias, diz o Senhor, em que firmarei nova aliança com a casa de Israel e com a casa de Judá. Não conforme a aliança que fiz com seus pais, no dia em que os tomei pela mão, para tirá-los da terra do Egito; porquanto eles anularam a minha aliança, não obstante eu os haver desposado, diz o Senhor. Porque esta é a aliança que firmarei com a casa de Israel, depois daqueles dias, diz o Senhor: Na mente, lhes imprimirei as minhas leis, também no coração lhas inscreverei; eu serei o seu Deus, e eles serão o meu povo. Não ensinará jamais cada um ao seu próximo, nem cada um ao seu irmão, dizendo: Conhece ao Senhor,*

porque todos me conhecerão, desde o menor até ao maior deles, diz o Senhor. Pois perdoarei as suas iniqüidades e dos seus pecados jamais me lembrarei. ”
(Jr. 31:31-34).

No sistema governamental externo, a força motivacional do relacionamento com Deus vinha na forma de bênçãos por obediência e ameaças de punição — pragas, exílio e ser "golpeado em suas partes" por desobediência. Isso revelava o poder de Deus e definia as expectativas no relacionamento. Se a ameaça de punição fosse removida, o povo de Deus cairia em outro tempo de rebelião contra Ele. Este estilo de relacionamento nos leva a concluir que Deus está de mau humor e tem problemas. Infelizmente, muitos de nós, cristãos ou não, continuamos a criar nossos filhos de acordo com um paradigma do Velho Testamento. Ainda é comum ou "natural" acreditar que erros ou pecados devem ser punidos. O modelo de criação de filhos que emana deste paradigma apresenta o pai no papel de alguém que "pune" e cria uma abordagem de "fora para dentro" no aprendizado sobre a vida da criança.

Na Nova Aliança, Deus se relaciona com o crente de uma nova forma, escrevendo Sua "lei nos nossos corações e mentes". Quando a lei foi escrita em nossos corações e mentes e quando o próprio Deus habita em nós, não precisamos mais ser controlados por fora, porque temos a capacidade e responsabilidade de controlar a nós mesmos — dizer a nós mesmos o que dizer e nos levar a fazer isso. O versículo final no texto acima nos diz por que essa mudança na aliança pôde acontecer — "Eu perdoarei as suas iniquidades e dos seus pecados jamais me lembrarei". Enquanto nossos pecados não fossem punidos e nossos corações permanecessem espiritualmente mortos, estávamos separados de Deus. Mas na cruz, Jesus lidou com a condição exigida para que Deus se relacionasse conosco de fora. Como resultado, punição, ira e intimidação desapareceram de Sua posição mediante a nós. Deus é um *lugar seguro*. Porque o pecado foi tratado na Nova Aliança, não precisamos mais ser punidos ou controlados, mas necessitamos aprender a cuidar de nossa liberdade de uma forma responsável, o que muda o alvo do governo assim como o alvo da criação de filhos. Quando amor e liberdade substituem punição e medo como às forças motivadoras no relacionamento entre pais e filhos, a qualidade de vida melhora dramaticamente para todos os envolvidos. Eles se sentem seguros uns com os outros, e a ansiedade que criava uma distancia nos relacionamentos é expulsa pelo sentido do amor, da honra e do valor um pelo outro.

Isto me lembra de uma história de outra família que participou de uma aula de criação de filhos que fizemos em uma escola de ensino médio. Em nossa última semana juntos, a mãe explicou que sua casa havia sido um lugar de tensão, seis semanas antes. Seu filho de quinze anos praticamente vivia em seu quarto. Nos últimos dois anos a única vez que ele havia saído tinha sido para brigar com seus pais sobre algo. Ela então relatou o que havia acontecido depois que eles mudaram seu estilo de criação de filhos controladora para uma de amor e respeito:

"Meu filho saiu de seu quarto e veio até a sala onde eu e seu pai estávamos sentados. Ele se sentou conosco. Eu olhei para meu marido e levantei minhas sobrancelhas e ele encolheu seus ombros porque nenhum dos dois sabia o que estava acontecendo. Nosso filho começou a nos contar sobre seu dia". Ela começou a engolir as lágrimas enquanto continuava: "Ele então começou a contar uma história conosco sobre como ele está começando a ver o quão desrespeitosos seus amigos são uns com os outros. Ele disse que estava notando o desrespeito tão claramente porque o respeito que ele sente vindo de nós tem aumentado tanto ultimamente. Ele então perguntou se gostaríamos de jogar um jogo de tabuleiro". Ela então interrompeu sua própria história para dizer o quão grande era esse milagre. O "único jogo de tabuleiro que havia em seu armário era... Ludo[1]. Nós mal conseguimos segurar o riso enquanto nos dirigíamos à mesa. Nós vivíamos 'provocação' e agora estávamos sentados juntos como família jogando Ludo".

Como crentes, nunca poderemos criar nossos filhos do interior para fora como Deus faz a menos que façamos a troca completa das alianças. O problema para muitos de nós, pais cristãos, é que ainda cremos que a forma que Deus nos pastoreia e, consequentemente, a forma que devemos pastorear nossos filhos, é primeiramente através de punição. Pensamos: "Eu não orei uma hora esta manhã, então meu pneu furou no caminho para o trabalho". Cremos que Deus nos pune assim, que Ele é responsável por nos levar a fazer "boas" coisas. Cada vez que algo ruim acontece, olhamos para trás até nossa falha, e *sabemos* que é parte do governo externo decretado por um Deus irado. Tentamos "fazer" com que seja verdade qualquer que seja o que cremos ser verdade, procurando nossas verdades em experiências por evidências que apóiam nossas crenças. Mas esta "verdade" sobre Deus simplesmente não é verdade, e precisamos parar de desenhar esses tipos de conexões. Precisamos entender que nosso Deus é um Deus de liberdade, não um Deus de controle.

1 N.T.: Em inglês, esse jogo chama-se "*Aggravation*", ou "Provocação".

"*Ora, o Senhor é o Espírito; e, onde está o Espírito do Senhor, aí* HÁ *liberdade*"
II Coríntios 3:17 (ênfase do autor).

Ele se importa com liberdade tanto que Ele estava disposto a sacrificar Seu Filho para restaurar a liberdade que perdemos através do pecado (Gl. 5:1).

O Reino dos Céus não é um governo externo. Quando os discípulos e todo o povo começaram a entender que o Rei dos reis havia se mostrado na pessoa de Jesus, eles começaram a perguntá-lo: "Oh! Como você estabelecerá seu Reino? Vamos te dar um grande trono! Ah, eu quero ser o seu Secretário de Defesa! Eu quero ser o seu braço direito! Eu quero algum favor político!". Eles estavam confusos, e até mesmo desapontados, quando descobriram que Jesus não viera para sentar em um trono e estabelecer um governo externo. Quando treinamos nossos filhos para obedecer mediante uma ameaça externa, limitamos seu entendimento de como o Reino dos Céus funciona.

Não poderemos apresentar a nossos filhos o Reino de Deus se o Reino não se manifesta em nossas próprias vidas. Se não aprendemos a viver de dentro para fora, então não será natural para nós treinar nossos filhos para viver dessa forma. O motivo pelo qual muitos de nós temos um modelo de criação de filhos do Velho Testamento é que ainda estamos vivendo em um paradigma do Velho Testamento que constrói uma estrutura externa para nos proteger dos poderes do pecado e da morte, ao invés de ativar o poder de Deus em nós para fazê-lo. Ainda cremos que o pecado é mais poderoso do que nós. Quando crianças crescem em um ambiente onde seus pais têm medo do pecado, elas aprendem a temer falhas. Todos os métodos pelos quais eles lidam com seus filhos parecem aumentar o medo, ao invés do amor. À medida que trabalham para eliminar oportunidades para pecar, pais desenvolvem uma expectativa de que seus filhos vivam uma vida sem erros, e o alvo da criação de filhos se torna ensinar obediência e submissão. Como resultado, seus filhos não aprendem a lição sobre liberdade.

Criados Para a Liberdade!

No começo, Deus criou o homem para ser livre. Não havia limitações no Jardim. Adão e Eva corriam de um lado para o outro nus (veja Gn. 2:25) — sem sutiã, roupa de baixo, roupas de banho, nada. Isso é a versão que Deus planejou para sua vida: total liberdade. Mas o que fazia o Jardim livre? Não era porque eles estavam nus. Não, o Jardim era livre por causa da Árvore do Conhecimento do Bem e do Mal. "O que?" você me pergunta. "Essa é a árvore ruim! Como isso poderia levá-los à liberdade!". Bem, se eles não tivessem a Árvore do Conhecimento do Bem e do Mal naquele Jardim, eles estariam presos em uma prisão paradisíaca. Sem a opção de fazer uma escolha ruim naquele ambiente, eles não seriam livres.

Então, o inimigo colocou a Árvore no Jardim. Opa, espera aí. Quem colocou a árvore no Jardim? Deus, o Pai amoroso, realmente colocou uma escolha ruim no ambiente de Seus filhos amados? "Não, diga que não foi assim! Deus só os colocaria em um lugar perfeito e seguro com... uma escola cristã. Precisamos treinar nossos filhos com limitações para que eles não pequem". Soa familiar? (Há muitas boas razões para escolas cristãs, mas esta não é uma delas.) Mas foi Deus quem o fez. E onde Ele colocou a

Árvore? Ele falou: "Aquelas pessoas nuas não a encontrarão no Monte Everest! Vai demorar muito até que eles façam uma expedição nua até o topo! E eles não podem dizer que não os dei uma opção. Eu dei com certeza. Ou podemos escondê-la atrás de um arbusto cheio de espinhos. Opa. Espera um pouco, ainda não temos isso". Não. Ele a colocou bem no *meio* do jardim perto da Árvore da Vida.

Esta história nos mostra a importância da liberdade para nosso Pai de amor. Sem a liberdade para rejeitá-Lo, somos incapazes de escolhê-Lo. Obediência é uma escolha. O Senhor tem regras próprias. Ele nos planejou para sermos livres e nos deu um ambiente aberto no qual poderíamos exercitar nossa liberdade. Mas, com nossos filhos, frequentemente, optamos por uma abordagem diferente: "Vejamos... vamos encontrar o ambiente mais perfeito e sem problemas possível... Escola cristã — vocês tiram todas as árvores ruins do ambiente e eu voltarei para pegá-los. Não desapareçam até que eu volte". O que isto revela é que estamos apavorados pelas escolhas ruins de nossos filhos. Tentamos eliminá-las ao máximo. O fato de eliminarmos escolhas ruins da vida de nossos filhos, enquanto Deus introduziu uma no jardim *de propósito*, nos mostra como necessitamos de uma mudança de paradigmas.

Eu quero descrever uma interação respeitosa que eu tive com meus dois filhos na qual lhes foi permitido fazer algumas escolhas que acabaram por ensiná-los a exercitar autocontrole e cuidar bem de sua liberdade. Quantos de vocês têm filhos que te dão problemas na hora de dormir? Bem, quando Levi e Taylor tinham seis e quatro anos, começamos algo chamado *hora do quarto*. Em vez de mandá-los ficarem quietos e irem para a cama, eu os disse: "É hora do quarto. Não queremos os ver nem ouvir até a manhã".

Levi perguntou: "Podemos brincar com nossos brinquedos?"

"Não quero te ver. Não quero te ouvir".

Taylor perguntou: "Podemos deixar a luz acesa?".

"Não quero te ver ou ouvir até de manhã".

"Podemos ler um livro?".

"Não quero te ver, não quero te ouvir".

"Tudo bem!".

Seus olhares diziam o que estavam pensando: "Meu Deus, nossos pais estão ficando loucos. É incrível!".

Quando você coloca um garoto de seis anos e um de quatro juntos e sozinhos em um quarto, é como colocar dois cachorrinhos em um caixa e dizer: "Não se toquem". Em alguns momentos eu podia escutá-los. Então eu abri a porta e disse: "Ei, eu posso ouvir vocês!".

Levi estava em cima do Taylor. "Ele pulou em mim".

"É, eu estou vendo. Vocês estão cansados?".

"Não estamos cansados".

"Venha cá e deixe-me mostrar algo".

Eles me seguiram, e eu levei Levi para a garagem. "Levi aqui está à vassoura. Quando você tiver varrido tudo, aqui está um cesto de lixo. Se você estiver cansado, pode ir para a cama, mas se não estiver cansado eu vou te dar outra coisa para fazer".

Eu levei Taylor até a varanda dos fundos. "Taylor, vem aqui, amigo. Quando você varrer toda varanda, você pode ir pra cama se estiver cansado. Se não estiver cansado, eu tenho outra coisa pra você fazer".

Depois de um tempo, Levi entrou. "Então, você está cansado?

"Sim".

"Quer ir para a cama?".

"Sim".

"Tudo bem, garotão, boa noite. Te amo". E ele foi.

Taylor ainda estava na varanda dos fundos, parecia com frio, ou pelo menos queria que pensássemos que estava.

"Garotão, você está com frio?".

"Sim".

"Aqui está sua jaqueta".

Ele demorou um bom tempo terminando esta pequena tarefa, o que era lindo porque ele estava experimentando sua escolha. Em pouco tempo eu perguntei: "Ei, garotão, você terminou?".

"Sim".

"Você está cansado, ou precisa de algo mais pra fazer?".

"Estou cansado".

"Então está bom filho, eu te amo. Boa noite". E ele se foi.

Na noite seguinte, eu disse a mesma coisa: "Ei, é hora do quarto. Eu não os quero ver nem ouvir até a manhã". De novo eu os ouvi. Então eu abri a porta e perguntei: "Vocês estão cansados ou precisam de algo pra fazer?".

Em uníssono eles responderam: "Estamos cansados!".

Com o passar do tempo, eu quase não precisava mais fazer isso, porque crianças são gênios. Eles são gênios incríveis, e se você os der o poder para praticar isso, se você os tratar como se tivessem um cérebro que funciona, eles o fariam se maravilhar.

Mas uma noite, há alguns verões atrás, quando Levi e Taylor tinham quinze e treze anos, eu pude praticar com eles de novo. Brittney havia se casado e se mudado, e pela primeira vez em suas vidas eles tinham seus próprios quartos. Estava tarde e eu falei: "Ei, é hora do quarto. Os verei pela manhã". Os dois foram para o quarto do Taylor, sem que eu notasse, então eu ouvi coisas batendo de um lado para outro. Do sofá, eu gritei: "Vocês estão cansados?". Eu ouvi a porta do quarto do Taylor se abrir e fechar, e ouvi a porta do quarto do Levi abrir e fechar. Nove anos depois, ainda está no subconsciente: "Eu tenho uma escolha. Uma delas é realmente idiota. Eu escolho liberdade. Eu escolho autocontrole".

Paz em um Plano

Você sabe por que Deus pôde colocar uma escolha ruim no Jardim do Éden? Ele tinha um plano para cada resultado possível, incluindo o pior. A Palavra nos diz que Jesus era o "Cordeiro que foi morto desde a fundação do mundo" (Ap. 13:8). Deus não se desesperou quando lemos no Velho Testamento e vemos como Ele puniu o povo pelo pecado. Mas quando você lê toda a história, vê que, a menos que Ele nos mostrasse o preço do pecado, não poderíamos entender o que a cruz — Seu plano — iria realizar.

Deus pode levar paz à nossas confusões porque Seu plano, a cruz, funcionou. Ele já lidou com a questão do pecado. Vai estar tudo bem com Ele, sem importar o que fazemos. A posição do Pai mediante a nós e nosso pecado é: "Está tudo bem. Mas eu preciso que você confie em mim, e eu preciso que você me escute. Vamos ficar bem. Vamos conseguir passar por isso. Eu posso vencer em qualquer situação que aparecer para mim. Você está do meu lado, e Eu estou do seu lado. Vamos pegar o que o inimigo fez para o mal e vamos revertê-lo, e por isso Eu quero que você venha comigo no meio da sua falha. Eu não estou com raiva. Eu fiquei irado uma vez e derramei toda a minha ira e punição pelo pecado sobre o Cordeiro que eu supri, porque Ele é o Único que poderia suportá-lo (I João 2:2). Jesus foi punido até a morte por todos os seus erros, então porque eu iria ficar com raiva e puni-lo? Eu preciso que você se aproxime de mim, não que fique com medo e fuja. Eu preciso que você confie que Eu o amo e que eu estou contigo e sou por ti. Venha aqui."

Eu sei que tudo parece maravilhoso e idealista, mas é a verdade. É a mais absoluta verdade, e precisamos crer nisso ou isso não aparecerá em nossas ações. Esta é a atitude do coração que precisamos comunicar para nossos filhos se formos cultivar uma representação correta do amor do Pai neles. É claro que, para dizer isto para nossos filhos, precisa ser verdade em nós. Precisamos aprender a ficar bem sem importar com o que eles façam. Quando tivermos sucesso ao fazer isso, eles não terão grandes dificuldades para ver a experiência que passaram conosco e mudar para a verdade. Quando fizermos isso, os conduziremos a um relacionamento correto com um Deus interno que os ama, que não ficou desesperado pelos seus erros, e que tem uma solução que realmente funciona.

Então, o ponto principal da criação de filhos segundo Deus é a convicção de que os erros e falhas de nossos filhos não são o inimigo. O real inimigo é a *sujeição*, e se não ensinarmos nossos filhos como andar em liberdade, eles não saberão o que fazer com isso. Eles podem até ficar seguros em escolas de ensino fundamental cristãs e faculdades cristãs e então eles irão se envolver em um ambiente religioso e dizer: "Me controle de fora, porque se tudo isso desaparecesse eu acho que iria desintegrar!" E depois eles diriam: Eu casei com um controlador para que eu não caísse e nós, secretamente ou não tão secretamente odiamos um ao outro. Mas vamos à igreja. É bem deprimente. Ter medo das escolhas ruins de nossos filhos é ensiná-los a ter medo de liberdade.

Ensinando uma Criança...

Nossos filhos são profissionais para cometerem erros. Eles estão todos em uma jornada de aprendizado. Quando temos medo de seus erros ou pecados, nossa ansiedade controla nossas respostas a eles e o espírito de medo se torna o "maior professor" em nosso lar. Mesmo que (II Timóteo 1:7) claramente nos diga que não nos foi dado um espírito de medo por Deus, nos associamos com esse espírito para treinar nossos filhos para o alvo de obediência e conformidade.

Para muitos de nós, como foi para mim, intimidação é nossa única ferramenta na criação dos filhos. Temos vários níveis de intimidação. Tentamos passar aos nossos filhos que estamos no controle de suas vidas desde o momento em que são bem pequenos. Uma vez mais, o problema com essa lição é que o Céu não está tentando controlar sua vida. Deus não quer controlá-lo. Lembre-se, na presença do Senhor há liberdade, não controle (II Cor. 3:17). Cantamos canções o dia inteiro sobre como Deus está no controle. Ele não o controla, e tampouco a sua esposa, seu patrão, ou seus filhos. Ninguém o controla. Na verdade, nos foi dado o Espírito de poder, amor e autocontrole (II Tim. 1:7). Você não pode culpar a Deus por sua vida.

Então quem está no controle? Você. Mas se você nunca aprendeu a controlar a si mesmo, então não é uma surpresa você estar tão amedrontado. Se não controlamos a nós mesmos, então estamos fora de controle, e estar fora de controle é uma sensação de impotência. Você já esteve em um carro com alguém que não dirige da forma que você gostaria? Você quer o controle. Ou você quer pegar naquele volante ou quer sair do carro. Muitos pais crêem que, quando seus filhos apresentam falhas, rebelião, desrespeito, irresponsabilidade, ou outras ações pecaminosas e deliberadas, precisam tomar o controle intimidando seus filhos para que mudem suas mentalidades.

Como cristãos, precisamos entender que medo é nosso inimigo. Muitos de nós admitimos que isso é verdade, mas vemos que é muito mais difícil se libertar do medo. Muitos de nós tivemos nossos paradigmas modelados por um medo de punição ao ponto de realmente crermos que *precisamos* da ameaça da punição para permanecermos no caminho. "Se eu não tiver uma real má consequência por fazer essa má escolha, eu a escolherei. Você não me pode parar, é melhor apontar uma arma para mim". Cremos que precisamos ser controlados de fora para dentro. Eu imagino que Timóteo riu a primeira vez que ele leu a carta onde Paulo escreveu:

> "*Deus não nos tem dado espírito de covardia, mas de poder, de amor e de moderação [autocontrole]*" *(II Tim. 1:7).*

Em sua carta anterior, Paulo dissera a Timóteo para beber vinho por causa do seu estômago. Talvez houvesse um distúrbio em seu estômago porque Timóteo estava ficando estressado. De qualquer forma, a exortação direta de Paulo de que a Timóteo não havia sido dado o espírito de medo implicava que Timóteo estava temeroso. Ele precisava largar o medo que provavelmente havia aprendido a levar para casa. Então ele disse: "Você não recebeu o espírito de medo. Timóteo, o que Deus te deu não produz medo. Deus não está tentando intimidá-lo, e eu também não".

Quando eu falo sobre treinar filhos de dentro para fora,

em liberdade, estou falando de remover o medo — especificamente, o medo da punição. Remover o instrumento de punição não é um novo conceito.

> "*No amor não existe medo; antes, o perfeito amor lança fora o medo. Ora, o medo produz tormento; logo, aquele que teme não é aperfeiçoado no amor.*"
> *(I João 4:18).*

Isso significa que *todo* o medo sai dos seus filhos quando o amor entra. Não há *nenhum* medo da punição no amor!

Para treinar nossos filhos em amor, nosso comportamento como pais precisa reduzir o medo, não aumentá-lo. O que acontece quando você bate de frente com seus filhos? O que acontece quando um dos seus filhos não quer obedecer? O que você faz quando seu filho mente para você? Qual a sua resposta quando seu filho te dá algo feio como desrespeito? O que se manifesta quando seu filho resiste deixar você tomar controle de sua vida? Assim como o amor lança fora todo o medo, o medo lança fora o amor. Amor e medo são inimigos. Eles têm fontes completamente diferentes. Amor é de Deus, e Seu inimigo produz medo. Precisamos de alguns métodos, ferramentas e habilidades para responder ao pecado dos nossos filhos de uma tal forma que criamos amor, não medo. Mas, se tudo o que temos é o que nos foi dado, muitos de nós têm ferramentas para criar ansiedade, porque temos medo. "Estou com medo, então deixe-me ensiná-lo uma lição. A lição é, tenha medo quando eu tiver medo".

Não Há Caminhões Amarelos No Céu

A idéia de que existe alguém que tenha controle total e de alguém sem nenhum controle é a raiz de todo o mal em relacionamentos. Esta é a maior mentira que você poderia ensinar ao seu filho. "Há dois tipos de caminhões no mundo. Há caminhões vermelhos e caminhões amarelos. Agora, adivinhe qual eu sou e adivinhe qual você é".

"Eu sou poderoso e você não. Felizmente para você, no entanto, eu sou um ditador benevolente. Eu sou como Jesus, porque Jesus é o grande caminhão amarelo no céu, e nós somos os minúsculos caminhões vermelhos sem poder, e se formos bons não seremos esmagados como insetos. E não se esqueça, Ele está de bom humor — a menos que você O provoque. Então é melhor você tomar seu remédio. 'Eu aprendi isso na igreja hoje'".

A forma como vemos o Pai determina como iremos nos relacionar com Ele e como iremos nos relacionar com os outros. Por causa disso, temos que ser cuidadosos com a forma que O vemos. Ensinaremos nossos filhos o que vemos e os ensinaremos a se relacionarem com um Deus que se parece conosco. Se eu ensinar meus filhos que há caminhões vermelhos e caminhões amarelos, adivinhe qual eles vão querer ser? Eles são muito espertos. "Ei, eu quero ser um caminhão amarelo. Eu quero ser poderoso nos relacionamentos. Eu preciso saber o que fazer quando as pessoas não fazem como eu quero. O que eu vou fazer quando meu irmão mais novo não me deixar controlá-lo? Ou minha irmã mais velha não me deixar controlá-la? Ou minha mãe! Minha mãe não me deixará controlá-la. O que eu posso fazer? O Papai parece um grande caminhão amarelo, mas um dia vamos estar eu e Papai na estrada, porque é lá que os caminhões amarelos rugem, bem lá na estrada".

Essa é uma fábrica de desrespeito. Você cultiva níveis altos de desrespeito em seu sistema familiar quando você ensina as pessoas: "Há um de nós que tem poder, e não é você!". Aí você diz: "Ah, é?".

E então você diz: "É".

"Ah, é?".

"É!".

"Me prove".

"Não, você me prove".

"Eu vou te provar".

"Eu te provei primeiro."

Uma luta de poder num vai e vem cultiva desrespeito. É um processo que agride a paz e a liberdade entre duas pessoas que os desvaloriza. Não fará outra coisa a não ser danificar relacionamentos.

O Alvo Mais Excelente

Esta falsa crença que você, não só pode, como é responsável por controlar seus filhos contribui no aumento da prioridade inferior da obediência e submissão no lar. O perigo é que isso não só leva a relações desrespeitosas, mas também o cega para o que realmente acontece no interior do seu filho, especialmente se seu filho for submisso. É fácil confundir obediência com um bom relacionamento. À medida que seu filho está fazendo o que você diz, seu relacionamento parece bom. A obediência momentânea é ameaçada, o relacionamento é ameaçado. Então, para que seu filho fique perto de você, é preciso que ele se torne como você. O problema é que, se não há conexão real entre seus corações nem valor mútuo de como seu comportamento afeta um ao outro, você pode ver submissão o dia inteiro, mas no segundo que seu filho estiver fora da sua presença, ele não será mais controlado pelos seus valores centrais. Quando o alvo deles é evitar a punição, então não terão o alvo de proteger seu coração. Quando eles estão longe de você, quem pune desapareceu.

Experimentamos esta dinâmica quando estamos dirigindo na estrada. Se um carro de policia aparece, todo mundo tem que acelerar! Não, normalmente não. A maioria está pensando: "Ó meu Deus, um policial! É melhor eu reduzir e o deixar à minha frente. É melhor ficar atrás dele. Eu não planejei que haveria um policial hoje. Isso vai demorar séculos! Quem ele vai pegar? Tubarão à vista!". Quando a lei dita submissão, você precisa da presença de alguém que pune para proteger essas leis. Mas quando meu coração está conectado com seu coração, minhas decisões são planejadas para proteger nosso relacionamento não importa o quão longe da minha presença você fique. Eu realmente vivo na sua presença quando meu coração está conectado com o seu coração e o depósito que você fez em minha vida me dirige na sua ausência.

Quando o ministério de Jesus na terra parecia não ter fim, Ele disse aos discípulos que Ele teria que ir, mas Ele não os deixaria sós (João 16:7). Ele não falou: "Eu quero me certificar que vocês ficarão na linha, então eu vou deixá-los o 'Punidor'. Tomem cuidado!". Ele tampouco disse: "Eu irei, mas para ter certeza que vocês não vão errar, eu os deixarei o Controlador". Não, de alguma forma pareceu bem a Ele nos deixar o Ajudador, o Consolador, Aquele que anda do nosso lado, Aquele que nos trás convicção, o Conselheiro, Aquele que nos lembra. O modelo que temos do governo dos Céus é um Ajudador, um Conselheiro — não um patrulheiro. Ao nos deixar o Confortador, Ele estava dizendo: "Eu os deixarei alguém que irá ajudá-los a manobrar sua vida pela liberdade abundante do Reino do meu Pai".

Como o Confortador nos guia para a liberdade? Davi descreveu a forma que Ele se relaciona conosco assim:

> "*Instruir-te-ei e te ensinarei o caminho que deves seguir; e, sob as minhas vistas, te darei conselho.*"
> *(Sl. 32:8).*

Qual o poder que um "globo ocular" tem sobre o comportamento de uma pessoa? Todos nós sabemos do "olho do mal", mas não é disso que Ele estava falando. Ele não estava dizendo: "Tome cuidado, rapaz. Estou falando sério". Ele estava dizendo: "Olhe nos meus olhos. O que você vê? Você vê meu coração. Você vê a forma que você está me afetando, porque está em meu semblante. Eu o guiarei com o que você vê nos meus olhos te permitindo ver o meu coração e como você o está afetando. E porque você valoriza nosso relacionamento, eu sei que você mudará suas decisões para proteger meu coração". Quando Deus nos guia com Seus olhos nos tornamos livres para escolher nossas posições e comportamentos baseado naquilo que Deus nos mostra. Ele nos guia e seguimos, ou não.

Depois de declarar que Ele nos guiaria com Seus olhos, Deus compara esta forma de se relacionar com alguém com controle externo. Ele disse:

> "*Não sejais como o cavalo ou a mula, sem entendimento, os quais com freios e cabrestos são dominados; de outra sorte não te obedecem*"
> *(Sl. 32:9).*

Animais tolos precisam de um sistema de controle externo, senão você não conseguirá com que eles se aproximem de você. Em essência, Deus nos disse: "Não seja como animais tolos. Conecte coração com coração, para que eu possa guiá-lo com meus olhos. Se você agir como uma mula, Eu terei que tratá-lo como tal. Se eu construir um sistema de controle externo sobre você, então você dependerá dele e eu não conseguirei removê-lo de ti, porque você não poderá controlar a si mesmo. Eu teria te limitado eternamente, possivelmente, se eu ensiná-lo que algo fora de você é maior daquilo que está em você".

Não importa que você seja um crente e possa citar primeiro João 4:4: "Maior é aquele que está em vós do que aquele que está no mundo". Você não crerá nisso se sentir-se controlado pelo mundo à sua volta. Você se sente impotente mediante uma explosão de raiva de uma criança pequena ou um adolescente de catorze anos tagarela?

Então você está vivendo no velho paradigma, aquele que fez Paulo clamar: "Quem me livrará do corpo desta morte?" (Rm. 7:24).

Quando praticamos uma vida de ensino aos nossos filhos para cumprir e obedecer através de medo da punição, fica fácil entender mal a fala de Jesus: "Se me amais, guardareis os meus mandamentos" (João 14:15), e pensar que isso significa que Jesus nos quer controlar. "Jesus quer me controlar, e se eu não der o controle a Ele, Ele vira com o *caminhão amarelo* de alguma forma. Se eu não entregar o meu cheque do dízimo esta semana, Ele quebrará minha máquina de lavar". Se você olhar para Deus como aquele que castiga nos céus, então você pensará que é natural, normal e correto interpretar que as coisas ruins em sua vida vêm Dele. E quando você ouve que Deus é bom e está de bom humor, você terá que mudar seu paradigma completamente ou encontrar um caminho para crer que isso não se aplica a você. Você começará a racionalizar: "É claro que Ele é bom. Bem, Ele não é mau. Bem, Ele é bom para as pessoas boas, mas está correndo atrás de mim com um chicote no templo!". Você perceberá, inclusive, que na história do templo, Jesus não pegou ninguém. Isso não teria sido uma grande história? "E Jesus ficou em pé em cima do homem, açoitando-o na cabeça até tirar sua carne. Repetidamente!" Você sabe que esta parte não existe, mas é a parte que gostamos de lembrar. As pessoas que querem justificar sua perspectiva de "caminhão amarelo" dizem: "Bem, Jesus correu atrás deles no templo com um chicote!". Mas o pobre Jesus era tão ruim com o chicote que não pôde bater nem pegar ninguém. A melhor interpretação é que Ele não estava tentando bater neles ou puni-los.

Quando Jesus disse: "Se você me ama, obedecerá meus mandamentos", Ele não estava dizendo: "Nós estamos trocando o

Velho Testamento pelo *Novo Velho Testamento*. Esqueça os Dez Mandamentos e entenda quais são os meus mandamentos!". Ele estava dizendo: "Se você me ama isso se evidenciará na forma como você trata o que eu te disse ser importante para mim. Eu posso ver quanto valor você coloca na proteção do meu coração baseado em como você trata o que é importante para mim".

Quando o meu filho mais velho, Levi, se formou na oitava série, ele veio até mim e minha esposa com uma idéia. Ele disse: "Mãe, pai, eu quero ir para uma escola pública de ensino médio para que possa jogar futebol americano".

Imediatamente, nós dois sentimos a adrenalina correr em nossa veias. Pensamos para nós mesmos: "Você atualmente vai a uma pequena escola cristã que tem 12 alunos na oitava série e tem 45 alunos de ensino médio no total. Agora você quer ir a uma escola que tem 500 alunos novos no ensino médio e um total de 1.800 alunos. Eu imagino, quantas escolhas ruins podem existir em um lugar com 1.800 adolescentes?".

Então eu disse ao Levi: "Filho, essa idéia nos dá muito medo. Por que seríamos gênios ao ponto de aprovar essa idéia?".

Ele nos olhou e viu que a porta não estava completamente fechada, mas com certeza não estava aberta. Ele sabia que estávamos com medo, e que era seu trabalho lidar com esse medo. Ele respondeu: "Por que vocês devem me deixar ir para essa escola? Porque eu não vou quebrar seus corações".

Uau! Se havia uma resposta que funcionaria, ele a havia encontrado. Ele havia lidado com o problema. Estávamos com medo de que este garoto de catorze anos não iria proteger nossos corações. Pensamos que esse seria um problema que nós teríamos que resolver. Mas, em vez disso, ele se responsabilizou por sua metade do nosso relacionamento e prometeu tomar decisões que valorizariam e susteriam nossa relação. Jesus disse:

> "*Muitos, naquele dia, hão de dizer-me: Senhor, Senhor! Porventura, não temos nós profetizado em seu nome, e em seu nome não expelimos demônios, e em seu nome não fizemos muitos milagres? Então, lhes direi explicitamente: nunca vos conheci. Apartai-vos de Mim, os que praticais a iniqüidade.*"
> *(Mateus 7:22-23)*

Ele dirá isso a algumas pessoas que dizem: "Eu vou à igreja minha vida inteira. Eu tenho obedecido a todas as regras. Eu escrevi as regras em minha casa. Eu as ensinei a meus filhos. Trocamos o Velho Testamento pelo Novo Testamento. Eu corri atrás deles em casa com um chicote. Eu os mostrei quem Você é. Meus filhos têm tanto medo como eu tive. Como você está dizendo que eu não O conheci?". A forma que vivemos nossas vidas mostra a Jesus os valores que temos pela nossa relação com Ele. Ele não nos quer controlar, mas Ele quer nosso amor. Ele não está interessado em nossa obediência a Ele quando há alguém para punir por perto, só para negligenciá-lo quando ninguém está olhando.

Algumas vezes é difícil crer que isto é verdade, especialmente como cristãos, porque temos praticado o medo da punição por tanto tempo. Muitos cristãos têm medo de "serem deixados para trás" ou "perderem o arrebatamento" porque sabemos que não somos infalíveis. Então muitos de nós ficamos muito ansiosos pensando se Deus se agrada de nós. A experiência do amor não é uma experiência contínua e convincente para a maioria de nós. Por isso, lutamos com o medo da rejeição ou punição.

Preparando Para uma Vida de Liberdade

A vontade do coração de Deus é que aprendamos a lidar com muita liberdade. Precisamos aprender a como viver em um relacionamento com o ilimitado que não quer controlar nossas vidas. Precisamos aprender a como escolher coisas que constroem um relacionamento de amor quando temos opções ilimitadas. Faremos escolhas de amor, liberdade, paz, honra e verdade quando poderíamos escolher egoísmo, dor, caos ou mentiras? Estamos preparando nossos filhos para limitar a si mesmos com opções ilimitadas ou a precisar de limites externos?

Considere um dos versículos mais famosos sobre criação de filhos na Bíblia.

> "*Ensina a criança no caminho em que deve andar, e, ainda quando for velho, não se desviará dele.*"
> *(Provérbios 22:6)*

Claramente, nosso trabalho como pais é ensinar nossos filhos. Ao contrário do que muitos pensam, no entanto, este versículo não diz: "Ensina a criança no caminho que você quer que ela vá" ou: "Ensina a criança no caminho em que você pensa que ela deveria ir" ou: "Ensina a criança no caminho que você sempre ganha". Há um caminho que seu filho deve seguir. Quer saber qual é? Você já gastou muito tempo desenvolvendo, cultivando e auxiliando o caminho que seu filho deveria seguir? O caminho que nossos filhos deveriam ir é o caminho da liberdade para serem o que eles foram destinados para ser.

Pense em um jardineiro cultivando uma roseira. Ele sabe que precisa podar alguns ramos e amarrar outros a estacas. Mas ele só saberá quais ramos devem ser podados ou amarrados se entender como as rosas crescem melhor. Deus colocou um projeto e um destino dentro de nossos filhos. Fomos todos feitos à imagem de Deus para um relacionamento com Ele. Fomos todos planejados e destinados a trabalharmos juntamente com Ele nesse relacionamento para ver o mundo à nossa volta transformado pela realidade do Seu Reino. Fomos todos planejados e destinados a conhecer Seu amor, prazer e bondade. E então, à medida que perseguimos nosso destino de andar em relacionamento com Ele, Ele revelará o destino único que cada um de nós tem como membros do Seu corpo. Ele deu a cada um de nós nossa própria história, nosso próprio capítulo dentro da história. Como pais, nosso alvo é, na verdade, apresentar a nossos filhos o relacionamento com Deus ao fazer nosso melhor para nos relacionarmos com eles como Deu faz. Mais especificamente, Deus nos confiou a tarefa de reconhecer as qualidades únicas em nossos filhos que ligam com o Seu chamado em suas vidas e ajudá-los a desenvolver essas coisas propositadamente. Somos administradores disso. É parte do nosso trabalho ajudar a trazer esse caminho à tona nas vidas de nossos filhos. Temos que ajudá-los a tornarem-se familiarizados com isso para que eles aprendam a direcionar a si mesmos nesse curso todos os dias de suas vidas, em parceria com o Espírito Santo.

Muitos de nós fomos ensinados que temos que ser treinados na forma que alguém pensa que devemos ir, e passamos o resto de nossas vidas conferindo com alguém para ver se estamos indo na direção que deveríamos. Nos tornamos dependentes de uma voz interior em nossas cabeças que toma nossas decisões e direciona nossa visão. O Espírito Santo, no entanto, opera de dentro para fora. Queremos nos tornar aptos a treinar nossos filhos para alcançar seus interiores e ouvir o Espírito Santo pela direção para a qual deveriam ir.

Para fazer isso, precisamos nos focar em ajudar nossos filhos a entrar em contato com seus corações. Quando disciplinamos o comportamento em vez de abordar os motivos e a mentalidade que produzem tal comportamento, os ensinamos a serem externamente governados e os prevenimos de entrar em contato com a fonte do seu poder para andar em um relacionamento e direcionar a si mesmos em direção à visão de Deus para suas vidas.

Eu me lembro de ouvir Bill Johnson dizer que ele criou seus filhos com o entendimento de que "Se eu posso lidar com a postura do meu filho, eu terei que lidar muito menos com o comportamento". Isso é tão poderoso porque prioriza o coração da criança e o relacionamento entre os pais e os filhos. Uma grande parte no treinamento dos nossos filhos na forma que devem ir é aprender a parar de correr atrás e eliminar os problemas de comportamento. Problemas de comportamento nos indicam que há um problema mais profundo, um problema do coração.

O que é necessário para conhecer o coração de outra pessoa? É necessário tempo, atenção e sabedoria. Precisamos nos tornar estudiosos de quem nossos filhos . Não é o simples fato de estar com nossos filhos. Não ganhamos pontos por estar com eles no carro quando o levamos à escola. Precisamos ter um plano e um interesse nos assuntos do coração e como esses assuntos se aplicam em suas vidas. Somos estudantes do caminho que eles deveriam seguir, e somos estudantes para que possamos ser professores em vez de fiscais e policiais. Estamos pastoreando seus corações e o coração do assunto, que é sempre *relacionamento*, não *comportamento*.

Deixando Nossos Filhos Falharem

Em resumo, limitar a liberdade de nossos filhos para que possamos ensiná-los sobre controles externos, pequenez, restrições e medo de punição não é uma estratégia que funciona a longo prazo. Em vez disso, precisamos ensinar nossos filhos o que é liberdade, como é senti-la e como a fazer prosperar. Este é o modelo dos Céus. Isso é o que o Pai nos Céus está fazendo. A melhor forma de preparar nossos filhos a lidar com uma multidão de opções que terão como filhos do Rei dos reis é investir no desenvolvimento de uma relação de coração para coração. Esta relação substitui a *fábrica do desrespeito* e introduz a *fábrica da honra*. A prática da honra revolucionará o sistema familiar, porque honra traz poder aos relacionamentos e as pessoas nesses relacionamentos. Honra é o antídoto para a síndrome dos caminhões amarelo e vermelho.

Uma das formas principais de mostrarmos honra uns para os outros é compartilhar o poder e o controle em nossos relacionamentos. Quando ajudamos nossos filhos a praticar o uso do poder desde quando são pequenos, eles se tornarão pessoas poderosas que não têm medo de forças externas a eles. Eles aprendem a pensar e resolver problemas. Eles aprender a instigar o poder interno que eles têm, o poder do Espírito Santo, para direcionar suas vidas em direção a seus alvos na vida. Eles se tornam hábeis em tomar decisões.

Não é sábio limitar seu desenvolvimento nessas coisas até mais tarde em suas vidas. Não poderíamos dar-lhes um violino aos dezoito anos e dizer: "Olha, vá e entre em uma orquestra". Eu acho que poderíamos, mas deveríamos saber que será uma grande dificuldade para eles. Quando evitamos que nossos filhos experimentem como é pensar por si mesmos, tomar suas próprias decisões e sentir as conseqüências dessas decisões, terminaremos com crianças complacentes que estarão totalmente à deriva quando saírem de casa, ou crianças rebeldes que lutarão para conseguir sua liberdade de nós assim que entenderem que a estávamos guardando deles. Muitos pais de adolescentes olham para o comportamento desordenado de seus filhos e concluem: "Bem, eles são adolescentes, eles só precisam de liberdade". O problema é, que eles deveriam saber que seus filhos já nasceram necessitando de liberdade. Eles são seres humanos.

Portanto, apresentamos a liberdade aos nossos filhos pequenos, e os permitimos praticar a tratá-la mal enquanto têm uma rede de segurança em nossos lares. Quando criamos um lugar seguro para que possa falhar e aprender sobre a vida, eles acabam por dizer: "Este é o lugar mais seguro que eu tenho, bem aqui em casa. Vocês sabem lidar com meus erros. Eu posso ser eu mesmo, e vocês podem descobrir quem eu sou. Eu posso praticar a vida, e posso correr até vocês nos meus momentos de problemas, porque vocês são uma ajuda sempre presente. Eu quero sentar em seus colos quando pecar, porque serão os lugares mais seguros que eu terei no mundo. Não há ninguém que demonstrou amor como vocês para mim".

Queremos poder dizer a nossos filhos como Jesus disse a nós em João 14:9: "Quem vê a Mim vê o Pai". Ele é apenas uma versão aumentada de amor, liberdade e lugar seguro. Não há nada que possa nos separar do Seu amor. Para isso, precisamos propor em nossos corações manter uma posição mediante nossos filhos que comunica esta mensagem: "Eu não deixarei nada ser mais importante para mim do que a minha relação contigo. Suas tarefas de casa nunca serão mais importantes para mim do que minha relação contigo. Sua obediência, seu nível de respeito, e seu sucesso nas tarefas nunca serão mais importantes para mim do que minha relação contigo. Não há nada que eu permitirei cortar nossa relação. E eu trabalharei para que você veja a verdade dessa promessa para que eu possa ajudar a tirar a ansiedade de sua vida".

Para que possamos tirar a ansiedade de nossos filhos, primeiro precisamos tirá-la de nós mesmos. Quando permitimos que nossas interações com outros, aumentem a ansiedade, os convidamos a nos mostrar seu pior lado, porque quando as pessoas estão com medo, elas mostram o seu pior lado. Quando elas nos mostram seu pior lado ficamos com mais medo. Então elas nos mostram mais do seu pior lado. Então mostramos a elas nosso pior lado, porque estamos com medo. Quando esse processo de ansiedade vai aumentando rotineiramente, ficamos acostumados a explosões e casos de grande desrespeito mútuo porque ficamos com medo. Então precisamos comprometer-nos a gerenciar nossa ansiedade para que possamos proteger nossas relações. Amar no propósito significa que aprendemos a deixar o perfeito amor lançar fora todo o medo, deixar o perfeito amor evidenciar o melhor em nós e fazer o perfeito amor à base em nossos lares, como é nos Céus.

Pontos Para Reflexão

1. Qual é o seu ponto principal na criação de seus filhos? Você vê o alvo da obediência e submissão direcionar suas relações com seus filhos, ou o alvo de amor e relacionamento os direcionam?

2. Por que o amor é uma prioridade maior do que a obediência?

3. Foi normal em sua casa, quando você crescia, seus pais usarem a intimidação como uma ferramenta na criação dos filhos? Como isso influenciou seu estilo de criação de seus filhos?

4. Você reconhece áreas em sua própria vida e na criação de seus filhos onde você está operando em um paradigma do Velho Testamento de controle externo?

5. Como os pais que não têm medo dos erros das crianças reagem a esses erros?

6. Você tem experimentado as lutas de poder com a síndrome dos caminhões amarelo e vermelho em sua casa? Então, você reconhece a mentira do controle em ação?

7. Até que ponto você crê e anda na verdade de que Jesus não quer controlá-lo e sim guiá-lo por uma relação de coração para coração?

8. O que é necessário para que você aborde as posições dos seus filhos e não simplesmente seus comportamentos?

Capítulo 2

Trocando Nossos Filtros de Verdade

Agora tudo está bem claro, certo? A verdade é que mesmo que você diga que acredita em tudo que estou dizendo, muitos de nós não acreditamos nisso o suficiente para responder bem aos nossos filhos nos momentos dos seus erros. Somos bastante parecidos com duas mulheres que minha amiga encontrou no trabalho um dia.

Minha amiga trabalha em um restaurante no *Trinity Lake* chamado *Bear Breath Café* (Restaurante Bafo de Urso). (Se você conseguir não pensar no nome e sim no restaurante, é até um bom lugar.) Um dia ela servia duas mulheres que disseram: "Acabamos de voltar de Las Vegas! Nunca havíamos ido lá e foi maravilhoso. Você quer ouvir nossa história?".

Minha amiga disse: "Bem, o movimento está fraco aqui, então, tudo bem."

Uma das mulheres disse: "Então, chegamos a um hotel bem chique, e quando entramos no nosso quarto havia baldes de moedas apenas esperando que as usássemos para entrar no clima! Estávamos bem animadas, então fomos direto para o cassino. Sabíamos que ganharíamos muito!".

Então, antes de continuar a história, a mulher falou o seguinte: "Eu quero que você saiba que eu não tenho um pingo de preconceito". Ela então continuou contando o que havia acontecido enquanto iam para o cassino. Elas saíram do quarto, seguiram pelo corredor em direção ao elevador e, quando as portas se abriram, viram três grandes homens negros dentro do elevador. As mulheres entraram e ficaram lá paradas. Então um dos homens atrás delas disse: "Pra baixo". As duas imediatamente se jogaram no chão! As moedas voaram para todo lado. As portas do elevador tentavam se fechar, com as mulheres atravessadas por elas. Então os três homens atrás delas começaram a rir histericamente, o que as mulheres não puderam entender. Tossindo, um dos homens conseguiu dizer: "Senhoras, vocês vão descer?". As mulheres, envergonhadas, tentaram se concertar, rindo nervosamente.

Os três homens riram a viagem toda até o saguão e, assim que as portas se abriram, elas saíram imediatamente!

Essas mulheres ficaram nesse hotel por uma semana e quando foram pagar suas contas no hotel, o recepcionista entregou a elas a conta e um cartão. A conta dizia: "Totalmente paga". Elas então abriram o cartão que dizia: "Senhoras, obrigado pelas risadas. Não ria assim há muito tempo". O cartão tinha uma assinatura: "Eddie Murphy". Eddie Murphy e seus guarda-costas estavam no elevador.

Desde então eu fiquei sabendo que essa história já foi descrita com uma "Lenda Urbana" na internet, mas eu lhe digo como me foi contada pela minha amiga. Eu tenho contado essa história em meus seminários por quinze anos e se isso realmente aconteceu ou não com essas senhoras, o propósito permanece: nossas crenças determinam nossa interpretação de eventos. Essas interpretações ditam nossos sentimentos e nos preparam para então agir de uma forma consistente com nossas crenças.

Essas mulheres não sabiam quem era Eddie Murphy. Mas uma coisa *nós* sabemos: Elas *têm sim* um pingo de preconceito. Nós sabemos, porque *o que você e eu cremos ser verdade é absolutamente verdade para nós*, e isso determina como interpretamos e respondemos ao nosso ambiente. Este processo opera em todo ser humano. Nossas crenças nos dão fundamento para nossas interpretações, e essas interpretações geram sentimentos pelos quais agimos. Em outras palavras, elas criam uma realidade para que respondamos a ela. É por isso que várias pessoas podem ter a mesma experiência , ver a mesma situação e sair de lá com impressões completamente diferentes do que aconteceu. Não só isso, o corpo humano é projetado para nos preparar para qualquer resposta que a situação exige. Se estivermos em uma situação a qual avaliamos ser ameaçadora, então sentimos a emoção do *medo* e nosso cérebro secreta a quantidade certa de adrenalina para que nosso corpo esteja pronto para tomar alguma ação. Sabemos que essas mulheres acreditavam que estar em uma área fechada com três negros significava *perigo*! Sabemos disso porque elas interpretaram a frase "Pra baixo" como uma ameaça. A adrenalina correu pelos seus corpos e o comportamento que se seguiu dizia "lute ou fuja"! Enquanto elas estavam deitadas com o rosto no chão com as portas do elevador batendo nos lados dos seus corpos, vendo todas as suas moedas se espalharem, seus cérebros estavam dizendo: "Viu? Eu te disse! Perigo!".

Esta é a outra parte do processo: *Reforçamos que o que cremos é verdade pela forma que agimos.* É como uma fita que repete a mesma coisa o tempo todo. Há duas coisas que essa história demonstra sobre a fita em nossas cabeças. A primeira coisa que nos mostra é que muitos de nós não estamos nem mesmos cientes daquilo que ela está dizendo. Pensamos que cremos em algo, mas nosso comportamento revela que, na verdade, cremos em outra coisa. Aí, essa fita pode estar nos mandando mensagens que nem sempre correspondem com a realidade. Então nós podemos crer que algo é verdade, parece verdade mas não é verdade.

Quando cremos que algo é verdade e não é, isso cria um padrão destrutivo em nossas vidas que parece normal. Nós rimos dessas mulheres porque suas idéias de normal as custou um pouco de dignidade. Mas para muitos de nós, nossas idéias de normal estão nos custando muito mais do que isso. Não somente temos a impressão de que nosso comportamento é normal, mas também sentimos como se fôssemos justificados pelos nossos erros. Acabamos por gastar muita energia nos cercando de pessoas que crêem e se comportam da mesma forma que nós para que não necessitemos ser confrontados com o fato de que estamos vivendo em uma versão distorcida da realidade. Assim fica fácil dizer: "Viu, é normal. Veja nossa família e nossos amigos". E muitos de nós adquirimos muita coisa que parecia verdade, e ainda parece, a menos que as confrontemos. É por isso que precisamos nos tornar pessoas que desejam examinar nossos comportamentos e perguntar de onde eles vêm — pessoas que buscam a verdade acerca da realidade. Certamente não poderemos abordar as posições e o coração dos comportamentos dos nossos filhos se não estivermos fazendo nós mesmos.

Eu odeio cobras! Eu me lembro de uma época que só de ver uma na televisão eu ficava arrepiado. Vê-las se movendo por cima da areia, em especial, era muito difícil. Eu já matei um bom número de cobras simplesmente porque eu creio que elas são perigosas. Um amigo estava em nossa casa há pouco tempo atrás nos contando uma história quando saiu com sua família e avistou uma cascavel que alguém, como eu, havia matado ao lado da trilha. O filho do meu amigo correu até a cobra e ficou perturbado que alguém poderia fazer tal coisa. Ele gritou: "*Pai*! Eles a mataram! Por que alguém faria uma coisa dessas? Pai, por que alguém mataria uma cobra?". Eu estava em silêncio durante toda a história. Seu filho estava sentado bem ali enquanto meu amigo contava os detalhes de como sua família inteira ficou pesarosa por causa desse incidente. Eu fiquei impressionado. Eu nunca havia conhecido ninguém que *amava* cobras. Todos os meus amigos *normais* pensam como eu; eles odeiam cobras também. Agora eu tenho um amigo que tem cobras *de estimação* em sua casa e quer que eu vá conhecê-las. Minha crença sobre cobras está sendo confrontada.

O que é Normal?

Como eu mencionei no capítulo anterior, pegamos a idéia de normal de nossas famílias, das pessoas que tiveram uma influência mais direta sobre nós em nossos anos de formação. Talvez a primeira vez que reconhecemos isso mais claramente foi quando deixamos nossa família para nos casarmos e começarmos uma nova família. "O que? Você nunca colocou ketchup nos seus *tacos*[2]? Você deve estar brincando! Eu achei que todos gostassem de tacos dessa forma". Olhamos para a família de nosso cônjuge e pensamos: "Sua família é estranha". O mais engraçado é que nosso cônjuge está dizendo o mesmo.

Parte do motivo pelo qual somos extremamente inconscientes daquilo que acreditamos, é que acreditamos em nossas ver-

2 N.T.: Comida típica mexicana.

dades por muito tempo, antes mesmo de desenvolvermos um *filtro de verdade* — isto é, a habilidade de discernir entre verdadeiro e falso. Quando crianças, dependemos de nossos ambientes para nos dizer o que é bom e o que é ruim. Foi assim conosco, e nossos filhos estão constantemente recebendo informação e aceitando a realidade que lhes é imposta sem que seja passada por nenhum filtro.

Podemos dizer aos nossos filhos (assim como nossos pais provavelmente nos disseram): "É hora de dormir. É melhor você ir para a cama e dormir logo, porque hoje um homem com uma roupa vermelha e branca descerá no nosso telhado, descerá pela chaminé que não temos e deixará presentes na casa toda. Vamos deixar leite e biscoitos". As crianças vão logo dormir, acordam pela manhã e dizem: "Uau! Tem presentes! Tem uma mordida no biscoito! É tudo verdade!".

"Sim, e tem também um coelhinho que vai pular pelo mundo todo e esconder ovos em toda a casa. Como os ovos e o coelho estão relacionados? Eu não sei. Não é importante. Ele vai deixar uma cestinha com chocolate. De onde ela vem, eu também não sei". Mas está tudo bem, porque a criança acordará de manhã, verá a cestinha de chocolate do coelhinho e concluirá: "Pra mim! Eu vou comer todo o chocolate! É tudo verdade!".

Então vamos e explicamos que não há problema que elas comam todos os doces, porque quando seus dentes caírem, há uma fada que vem e troca seus dentes por dinheiro que coloca debaixo dos seus travesseiros.

Crianças não têm a habilidade de dizer: "Você está falando um monte de besteira!" ou: "Isso me parece errado". Uma criança de cinco anos não dirá: "Me desculpe, você está enganado". Nos seus primeiros anos, toda sua orientação é confiar em seu ambiente e permitir que ela defina sua realidade, para que desenvolvam a "verdade". Sua *verdade* é o grupo de crenças sobre a realidade que você abraçou enquanto crescia, para poder interpretar a realidade. Lembre-se, o que você crê ser verdade é totalmente verdade para você. Então a pergunta que todos precisamos fazer é: "O que eu aprendi ser verdade na infância, e essas crenças, são realmente a verdade?" Isso nos ajudará a identificar a verdade que estamos infundindo nos corações dos nossos filhos.

Mentiras que Acreditamos

A mentira de que "podemos controlar" os outros é a maior mentira nos relacionamentos humanos. Se pudermos ser libertos desta mentira com raízes bastante profundas, então existe a esperança de que podemos mudar a dinâmica que causa tanta ansiedade entre as pessoas.

As pessoas precisam se sentir poderosas para poderem sobreviver em seu ambiente. A maioria dos nossos ambientes humanos têm humanos neles. Para que as pessoas se sintam poderosas em meio a outras pessoas, elas precisam descobrir uma forma de conseguir que suas necessidades sejam supridas. Esta dinâmica nos leva a processos relacionais que apresentam forças tanto verdadeiras quanto falsas.

Violência é Poder

Introduzir violência em um relacionamento é uma forma de me fazer mais poderoso do que você, que é mais velha do que o homem das cavernas. O objetivo deste método é tanto te dominar quanto te intimidar. Quando eu tiver te dominado, você deverá ser controlado pela ameaça da continuação desse meu comportamento. Lembre-se, pessoas precisam sentir um senso de poder em seu ambiente. Alguns o fazem sem violência, enquanto outros tentam tornar-se poderosos dando aos violentos o que eles querem.

Quando um adulto não consegue que uma criança faça o que ele quer, ou que pare de fazer algo que ele ou ela não queiram, o adulto freqüentemente introduz a dinâmica da violência no relacionamento para ganhar controle sobre a criança. O objetivo é conseguir obediência e submissão. Nenhum dos dois é um alvo desprezível, mas o método da dominância e da intimidação é uma violação direta das leis do Reino de Deus.

Como pais, precisamos reavaliar nossos métodos e entender as dinâmicas que estamos gerando em nossas famílias. Uma vez mais, João nos ensina:

> “*No amor não existe medo; antes, o perfeito [maduro] amor lança fora o medo. Ora, o medo produz tormento; logo, aquele que teme não é aperfeiçoado [amadurecido] no amor. Nossos métodos de disciplina e treinamento precisam reduzir o medo e a ansiedade e não gerá-los.*”
> *(I João 4:18)*

Agora seria um ótimo momento para abordar a questão das *palmadas*. Quando eu sugiro que a introdução da violência nos relacionamentos promove a mentira, eu sei que me arrisco a atacar uma ferramenta chave para muitos e muitos pais. Para reduzir a ansiedade, até agora, quero que saiba que já demos palmadas em cada um de nossos filhos uma vez ou outra. Ao dizer isso, quero dizer que é uma abordagem bem diferente da que você pode esperar. Eu abordarei melhor esse assunto mais tarde, mas por favor saiba que isso precisa reduzir a ansiedade em nosso relacionamento quando usamos isso como ferramenta.

Raiva é Poder

A crença de que violência me faz poderoso é obviamente destrutiva para conexões relacionais e, para muitos, é inaceitável se o relacionamento for continuar além de certo ponto. Apesar de tudo, isso constrói um fundamento para a introdução da próxima dinâmica: Raiva me faz poderoso. Se a ameaça da violência já foi estabelecida como uma forma de ganhar poder, então raiva é o método de invocar esta ameaça e acessar esse poder. Aprendemos bem cedo em relacionamentos, a raiva daqueles que devemos temer. Se testemunharmos alguém se tornar violento com outros, então cremos que isso poderá acontecer de novo. Submeter-se à raiva dessas pessoas parece ser uma forma de evitar sua violência para conosco.

Isso é difícil de aceitar para muitos porque não gostamos da idéia de que possamos ser vistos com pessoas abusivas. Não gostamos do som de sermos temidos por aqueles a quem nós amamos tanto. Mas quando nosso alvo é obediência e submissão, então precisamos correr atrás de um método que irá produzir esse fim. Precisamos ter controle sobre os outros.

Podemos ver esta dinâmica quando um pai ou mãe se sentem presos no carro com seu filho que está se comportando mal. “Se eu tiver que parar o carro e ir aí atrás, você irá se arrepender. Pare com isso agora ou eu vou parar o carro. Eu falo sério!”. Tudo isso é para passar um senso de poder. O que faremos se pararmos o carro? Vamos introduzir a violência. Mas por enquanto, esperamos que nossas ameaças raivosas tragam o mesmo resultado.

Nós Podemos Ser Controlados e Controlar a Outros

Consistentemente experimentar a raiva punitiva e a demanda por controle de alguém nos leva a crer que podemos ser controlados. A prática de nos entregar ao nosso autocontrole para evitar punição constrói em nossas crenças à convicção de que isso está acontecendo sem nossa cooperação, que não temos outra opção a não ser dar à pessoa raivosa o que ele ou ela quer de nós. Aprendemos impotência na presença de nossos pais e somos, portanto, vítimas de sua raiva. Portanto, vimos a crer que podemos ser controlados por outros e nos é introduzida uma dinâmica devastadora: culpa.

Culpa é simplesmente dar o poder de direcionar e mudar minha vida à outra pessoa. Quando eu culpo alguém, eu digo: “Eu não posso mudar a menos que você mude. Eu não posso perdoar a menos que você mude. Eu não posso amar a menos que você mude. Eu não posso ser livre a menos que você me tire da prisão”. O hábito da culpa vem de acreditar que somos impotentes em nossos relacionamentos. Parece ser verdade dizer a nós mesmos que não somos responsáveis por como estamos nos comportando. Não somos responsáveis porque algo ou alguém mais poderoso em meu mundo externo é mais poderoso do que eu sou internamente.

Negando-se a viver sem poder, as pessoas que temem ser controladas por outros buscam uma forma de controlar outros. Se eu posso ser controlado, então outras pessoas podem ser controladas, e, portanto, eu posso controlar outros. Ouvimos frases quando crianças como: "Você me deixa com tanta raiva!" e "Se você não tivesse dito isso, então eu não teria batido em você". Estas e outras experiências constroem em nós a falsa crença de que podemos fazer outras pessoas agirem de certas formas. Violência, raiva e a ameaça de introduzi-las no relacionamento se tornam práticas comuns entre pessoas tentando se sentirem poderosas.

Violência = Poder → Raiva = Poder → "Outros podem me controlar." → "Eu posso controlar outros."

Aprendemos algumas coisas em casa que realmente não são verdades, mas parecem ser, porque ainda estamos reforçando-as com o que fazemos. Como respondemos quando alguém tem raiva? Como você responde quando alguém não faz o que você quer que ele ou ela faça? Você vai até o seu sistema de crenças e diz: "Quer saber? Eu posso fazer isso acontecer. Veja só". E as pessoas correm de um lado para outro, especialmente se introduzimos alguma raiva a essas pessoas tão pequenas. Isso reforça essas mentiras, porque você usou seus poderes mágicos, e as coisas aconteceram. É por isso que precisamos ter cuidado e rever o que acreditamos ser verdade.

Ninguém lhe Controla a não ser Você

Então como criamos um novo *normal* em nossos lares? Começamos recebendo uma revelação de uma importante verdade.

O autor Steven Covey fala sobre viajar de metrô, exausto de um longo dia de trabalho, apreciando sua viagem em paz para casa. O metrô parou, a porta abriu e um homem com seus quatro filhos entrou. As crianças começaram a se distrair correndo de uma ponta a outra do vagão, gritando o tempo todo. Covey, que estava tentando apreciar sua viagem para casa, ficou extremamente frustrado em como aquele pai simplesmente deixou sua prole correr desenfreada pelo compartimento, aparentemente distraído dos seus comportamentos. Por fim, uma das crianças tropeçou em uma senhora idosa sentada no banco. Ela gritou e o homem agora estava cheio daquilo. Ele se levantou, caminhou até o pai e disse: "Ei! Você não está vendo o que está acontecendo com seus filhos aqui?".

O homem olhou para ele com um olhar de confusão e com uma voz distante, respondeu: "Me perdoe. Estamos voltando do hospital. A mãe deles acabou de falecer. Eu sei que eles não sabem o que fazer".

Surpreso com esta informação, o homem chateado disse: "Ah. Me perdoe. Fique ai. Deixe-me ajudá-lo com seus filhos".

O homem agitado passou de raivoso para auxiliador em um instante. Por quê? Porque ele acabara de receber uma nova informação. Ele recebeu uma revelação. O que ele acreditava ser verdade sobre a situação mudou em um instante. E os comportamentos que vieram desses respectivos sistemas de crenças mudaram junto.

A próxima frase é a revelação que precisamos receber, se vamos alinhar nossos paradigmas relacionais com a verdade: *Você não pode controlar pessoas, e ninguém pode controlá-lo a não ser você*. Alguém pode colocar uma arma na sua boca e dizer: "Negue a Jesus Cristo". E você ainda tem duas escolhas.

Entender que esta verdade é a chave para tomar a iniciativa de controlar a si mesmo e manter-se verdadeiro com suas convicções. A habilidade de cuidar de seus filhos e de si mesmo em relação aos objetivos que você tem como pai, depende da habilidade de *dizer a si mesmo o que fazer e fazê-lo,* sem se importar com o que eles fizeram ou estão fazendo. Você consegue se cuidar sem se importar com o que seus filhos estão fazendo? Assim como Deus pode nos dizer, também queremos dizer aos nossos filhos: "Eu serei um pai amoroso e respeitoso, não importando o que você faça".

Mas, freqüentemente, abandonamos nosso autocontrole para o erro de nossos filhos — ou nosso cônjuge, nossos pais, nossos amigos, ou outros. Quando abandonamos nosso autocontrole, nossa mentalidade se desliga e nossas emoções aumentam. E quando nossas emoções aparecem por todos os lados, é como se estivéssemos intoxicados — cheios de veneno. Quando nossos cérebros não funcionam tão bem e temos por perto emoções perigosas como raiva, tome cuidado. É aí que podemos ter problemas.

Reações cheias de medo e raiva aos erros das pessoas revelam que em algum lugar de nossas mentes ainda se esconde a crença fundamental da Velha Aliança, não só de que pessoas *podem* ser controladas, mas que *precisam* ser controladas, e precisam ser controladas por punição. Eles precisam experimentar a dor da nossa raiva para que não cometam erros que nos farão sentir fora de controle. Pensamos: "Eu preciso controlá-los para que eu possa ter algum controle sobre a qualidade da minha própria vida".

Medo ou Amor

Quando permitimos que os erros dos outros nos gerencie, nos desvie de nosso alvo de sermos amorosos e respeitosos, estamos nos submetendo a um espírito de medo. Medo é a primeira coisa que reina na vida de uma vítima, na vida de uma pessoa que é motivada por um sistema externo de controles. Lembre-se: "...o medo produz tormento" (I João 4:18). Medo e intimidação não farão outra coisa a não ser regular a família daqueles que crêem que podem e devem controlar uns aos outros quando cometem erros, e usam a violência e a raiva para fazê-lo.

O que é ainda mais destrutivo é que esses comportamentos e crenças guiados por medo são muitas vezes identificados como amor. Quando minha esposa era uma adolescente, ela teve uma discussão com seu pai. Durante a discussão ele deu um tapa em seu rosto. Chocada, ela ficou ali, com a mão no seu rosto que estava queimando. Ele chegou perto dela, a segurou pelos ombros e gritou para ela: "Diga que você me ama!". O amor estava a muitos quilômetros de distância naquele momento. Ela simplesmente endureceu seu coração com relação a ele e passou por muitos anos difíceis depois disso. Muitos de nós como pais temos coisas que fizemos para controlar nossos filhos das quais não somos orgulhosos, mas tentamos quase sempre transformar esses fracassos em mensagens de amor. Mais uma vez, medo e amor estão empatados um com o outro: "No amor não existe medo; antes, o perfeito amor lança fora o medo. Ora, o medo produz tormento; logo, aquele que teme não é aperfeiçoado no amor". Se quisermos criar um *normal* para nossos relacionamentos familiares no qual o amor regula nossas interações, então precisamos simplesmente recusar a associação com todo e qualquer medo e punição.

O Espírito Santo que vive dentro de nós nos equipa com tudo que precisamos para responder a nossos filhos e qualquer outra pessoa em nossas vidas sem medo — na verdade, responder a eles de uma forma que lança fora o medo. É importante que entendamos que o Espírito Santo é o verdadeiro Espírito de poder. Raiva e violência são falsos poderes que agarramos quando somos controlados pelo medo. A razão pela qual nos foi dado o Espírito de poder é que precisamos do poder. É necessário poder para manter o autocontrole e gerenciar a si mesmo na presença de explosões de raiva temperamentais, desrespeitos e outras crises de infância. Mediante a essas coisas, um dia muito bom é quando você consegue se controlar o dia todo e naquele dia muito bom você deveria ouvir: "Você disse a si mesmo o que fazer e obedeceu! Parabéns! Agora descanse um pouco. Você deve estar exausto". A realidade é que andar no fruto espiritual do autocontrole é *sobrenatural*. Mas como crentes que foram levantados dos mortos e têm o Espírito de Deus vivendo dentro de nós, sobrenatural é exatamente como nossas vidas deveriam ser.

O fruto da presença de Deus em nossas vidas é autocontrole:

> "*Mas o fruto do Espírito é: amor, alegria, paz, longanimidade, benignidade, bondade, fidelidade, mansidão, domínio próprio. Contra estas coisas não há lei.*" *(Gl. 5.22-23).*

Agora, o legal é que quando cremos que somos nós que podemos nos controlar e exercitarmos esse poder de autocontrole para amar a Deus, nosso cônjuge e nossos filhos, estamos nos associando com o Espírito Santo e convidando Seu reino para reinar em nossos lares. Mas quando nos associamos com um espírito de medo, convidamos o reino da intimidação, manipulação, e raiva para reinar. O ambiente espiritual em nossos lares realmente se resume à presença de medo ou amor. Não importa quais sejam suas intenções ou alvos como pai, o fato é que você está cultivando um ambiente espiritual de amor ou medo em sua casa, e que isso é o que está influenciando seus filhos.

O Poder de Nossas Palavras

O poder regular de nosso ambiente é manifesto através das palavras que escolhemos. É vital entender o poder que é liberado quando você força ar através de suas cordas vocais. As palavras no grego e no hebraico para *espírito* também são as palavras para *fôlego* e *vento*. O que passa através de suas cordas vocais quando você fala? É por isso que a Bíblia diz:

> "*A morte e a vida estão no poder da língua.*"
> *(Pv. 18:21).*

e:

> "*Porque a boca fala do que está cheio o coração ou* O ESPÍRITO."
> *(Mt. 12:34).*

Quando você fala, você cria espírito em seu ambiente.

Palavras são como um catalisador espiritual. Todos nós, criados em um ambiente hostil, onde o espírito de medo era o principado dominante, sabe que as palavras no ambiente estavam perpetuando esse medo. Aqueles criados em um ambiente pacífico sabem que palavras, e a forma que as pessoas falavam umas com as outras, cultivaram, preservaram e protegeram essa paz. Estamos criando uma atmosfera com as palavras que escolhemos usar.

Entender isso muda a "permissão da minha boca" para um novo nível de responsabilidade. A velha admoestação da mamãe: "Se não pode dizer nada bom, então não diga nada". Não fortaleça espíritos maus em seu ambiente. E se você não tem nada bom em seu coração, trabalhe em seu coração. Não deixe isso sair. Não tenha o hábito de simplesmente dizer: "Me desculpe. Não quis dizer isso. Me perdoe. Não deveria ter dito isso. Você vai perdoar a mamãe e o papai pela forma que o criamos e a atmosfera que criamos à sua volta?". Mais uma vez, se tentaremos ajudar nossos filhos a dirigirem seus próprios corações e assumir a responsabilidade pela fonte de suas palavras e comportamentos, então simplesmente deveríamos estar fazendo isso nós mesmos.

Nossos filhos não irão liderar na criação da atmosfera em nossas casas. Eles podem até tentar. Eles podem ter personalidades radiantes. Mas se você não mudar, você será a cobertura de nuvem.

É claro, nossas ações fluem dos nossos corações também e assim contribuem igualmente para a atmosfera espiritual. Eles podem até falar mais alto que nossas palavras, especialmente quando se fala de estabelecer limites a nossos filhos, o que discutiremos em um capítulo posterior. Mas não podemos nos esquecer que quando abrimos nossas bocas, estamos lidando com vida e morte. Nosso trabalho é criar um rio estável de palavras que dão vida a vida dos nossos filhos.

Quando aprendermos a olhar para nossos filhos e enxergar seus potenciais e destinos em Deus, e também aprendermos a liberar o poder da vida através de nossas palavras, nos tornaremos um canal o qual Deus transmitirá Seu coração e Sua graça a eles. Nossas palavras tem a habilidade de criar coisas nos corações dos nossos filhos. Eles também buscam lá dentro e tiram coisas que sempre estiveram ali perto da superfície.

Um dia, anos atrás, minha esposa, Sheri, recebeu uma ligação da escola pedindo-a que fosse buscar nosso filho, Levi. Levi estava passando por momentos difíceis. Ele estava na segunda série e não estava lendo e, infelizmente, na escola eles querem que você leia e escreva. Para ele, ir para a escola significava ter uma experiência tremendamente dolorosa todos os dias. Bem, este era mais um dia na escola, então Sheri foi à escola para buscá-lo. Quando ela chegou lá, ele estava esperando na frente da escola com sua mochila.

Sheri pensou consigo mesma: *Aqui vamos nós. Minhas palavras são espírito e eu carrego visão para meu filho. Eu a carrego no meu coração e na minha vida. Eu carrego o que eu quero que ele tenha.*

"Ei, dia difícil?", Sheri perguntou a ele.

"Mochila idiota!", ele entrou no carro resmungando.

Sheri dirigiu para uma loja e entrou com o Levi. Ele apenas a seguiu. Então ela parou no meio do corredor, virou-se para ele e disse: "Levi, meu filho, de quem eu tanto me orgulho". Usando apenas um olho, ele mal olhava pra ela.

No corredor seguinte ela parou e apontou pra ele: "Levi, meu filho, de quem eu tanto me orgulho". Ele ainda evitava olhar pra ela.

Alguns corredores depois ela falou de novo: "Levi, meu filho, de quem eu tanto me orgulho". Novamente, não houve muita reação.

Eles voltaram para o carro e foram até uma agência dos correios. No carro ela se aproximou dele, colocou sua mão em seu peito e disse: "Levi, meu filho, de quem eu tanto me orgulho". Desta vez ele olhou pra ela com um olhar de quem acreditava um pouco.

Eles voltaram para casa e começaram a guardar as compras.

Quando Levi entrou com uma sacola de compras, Sheri apontou pra ele e disse: "Levi, meu filho...".

Desta vez ele a interrompeu com um sorriso e terminou sua frase: "De quem você tanto tem orgulho".

Até hoje, eu ou Sheri podemos dizer: "Levi, meu filho..." e Levi dirá: "Eu sei, eu sei. De quem vocês tanto se orgulham".

É crucial para uma criança, quando ela olhar em seus olhos, sem levar em consideração as circunstâncias que a pressione, ver alguém que acredita nela. Você tem o poder de chamar "à existência as coisas que não existem" (Rm. 4:17). Mas esse mesmo poder causa devastação quando a criança encontra um pai raivoso e irresponsável. Isso é morte para o coração e a visão de uma criança. Especialmente como pais, nós carregamos esta poderosa responsabilidade. Nós somos muito poderosos. Use esse poder cuidadosamente.

Pontos para Reflexão

1. Você já descobriu que o que você pensava ser verdade não era condizente com a forma que você respondeu a uma situação, particularmente quando você sentiu uma forte emoção como medo ou raiva? Descreva a situação e o que você aprendeu sobre suas crenças.

2. Por que a culpa é tão destrutiva?

3. Por que é tão importante saber dizer a si mesmo o que fazer e então fazê-lo? Onde você precisa mais do fruto do autocontrole em sua vida?

4. As pessoas podem exercitar muito bom senso e disciplina para se manter na linha e evitar a punição. Como isto é diferente

do fruto sobrenatural do autocontrole?

5. Por que é mais importante e mais poderoso ser motivado pelo alvo de ser uma pessoa amorosa e respeitosa do que o alvo de nunca cometer erros?

6. Você permite que os erros de outros tirem você da linha e do alvo de ser amoroso e respeitoso? Se sim, você reconhece que o espírito de medo está trabalhando? Você crê que Deus tem o poder que você precisa para se manter verdadeiro à suas prioridades?

7. Qual é o ambiente espiritual que você está criando com suas palavras? Você pratica falar sobre a vida e destino dos seus filhos?

Capítulo 3

PROTEGENDO SEU JARDIM

Vamos examinar algumas das práticas que essas mudanças em nossas crenças exigem. Eu já mencionei diversas vezes que precisamos de novos métodos para construir amor em vez do medo. Nos próximos três capítulos, quero apresentá-los três diferentes responsabilidades que você precisa adotar como pai para estabelecer um ambiente livre de punições, respeitoso e cheio de amor em suas casas. Todas estas três responsabilidades vêm diretamente dos valores e verdades centrais que temos discutido. Para resumir, nosso alvo como pais é ensinar nossos filhos a andar em relacionamentos saudáveis. O coração dos relacionamentos saudáveis é amor e, por natureza, amor requer uma escolha. Portanto, a coisa fundamental que queremos dar a nossos filhos é a habilidade de exercitar e governar seu poder de escolha para que possam direcioná-lo para o amor. Ao alcançar este objetivo, sua primeira responsabilidade como pai é cuidar e gerenciar a si mesmo, o que abordaremos neste capítulo. Sua segunda responsabilidade, que abordaremos no próximo capítulo, é estabelecer e reforçar limites sadios com seus filhos dando-lhes escolhas e conseqüências. E no capítulo final, abordaremos a terceira responsabilidade, que é guiar seus filhos a ter um alto valor pela sua conexão contigo ajudando-os a entender como suas escolhas afetam seu relacionamento, particularmente quando se trata de ajudá-los a organizar suas bagunças.

Tornando-se Um Porteiro

II Crônicas 23 fala da história de um avivamento que aconteceu em Israel quando Joás se tornou rei. Desde que Joás tinha sete anos de idade, quando foi coroado, a força motriz principal era, na verdade, o sacerdote, Joiada. Uma das coisas significantes que Joiada fez está escrito no versículo 19:

> “*Colocou porteiros às portas da Casa do Senhor, para que nela não entrasse ninguém que de qualquer forma fosse imundo.*”

Aparentemente, grande parte do processo de restabelecer o relacionamento de Israel com Deus e restaurar o templo de Deus envolvia certificar-se de que o templo estava protegido de intrusos.

Creio que a mesma idéia se aplica a nós como pais. Somos o templo do Espírito Santo. E como pais, somos porteiros, não só de nossas vidas, mas também de nossas famílias. A saúde e a felicidade de nossas famílias estão diretamente relacionadas à nossa saúde e felicidade como pais. Nós estamos criando a atmosfera. Estamos transmitindo a nossos filhos quem somos. E, a menos que aprendamos a suster e proteger nossa saúde e felicidade individuais, não vai demorar muito até que transmitamos falta de saúde e infelicidade a nossos filhos. Só podemos oferecer aos outros o que já temos.

Cuidar bem de nossos filhos começa quando aprendermos a cuidar de nós mesmos. É isso que aprendemos cada vez que entramos em um avião. Quando as aeromoças dão seu discurso, estão explicando o que acontecerá se houver uma queda na pressão da cabine: Coloque sua máscara de oxigênio primeiro e depois ajude seus filhos e vizinhos a colocar a deles. Se você não cuidar de si mesmo, não vai gastar muito tempo cuidando de outra pessoa. Você deve ter um alto valor no cuidado que você tem por *você*! Em algum momento na vida alguém nos ensinou que um pai exausto, gasto, frustrado e amargo é um bom pai. De alguma forma isso é santo e nobre. Na verdade, é um sinal de que você não tem oxigênio suficiente no seu sistema.

Para cuidar de nós mesmos, precisamos aprender a estabelecer limites saudáveis com nossos filhos. Precisamos colocar uma *cerca completa* ao redor do nosso quintal, com um *portão*.

Quando nossa família se mudou para Weaverville anos atrás, descobrimos que havia dois tipos de jardineiros. Haviam aqueles que já faziam isso há um bom tempo e aqueles que haviam acabado de se mudar na cidade e estavam começando do zero. Agora, todos que já estão fazendo isso há um tempo tem um grande dispositivo na cerca do seu quintal. Era horrível, normalmente com vegetação velha e morta pendurada em todo lugar. Quando você chegava à vizinhança você dizia: "Que coisa desagradável é aquilo! Por que alguém colocaria isso em seu quintal?" Algumas pessoas diziam que não colocariam um desses, "Não vamos fazer isso! É horrível!".

Nós víamos quando chegava à primavera e todos os jardineiros saíam para preparar o solo, colocar as sementes e o sistema de irrigação, e deixar tudo bem bonito. Dia após dia eles saiam para cuidar de seus jardins, e dia após dia encontravam evidências que os encorajavam mostrando que estava funcionando. Pequenas folhagens verdes começavam a aparecer da terra. Dia após dia, eles cuidavam daquela folhagens verde. Você podia sentir a animação crescendo quando eles iam colher o fruto de seus trabalhos. Então um dia, um jardineiro novo e inexperiente saiu para o seu jardim e encontrou algo diferente. Sua linda folhagem verde havia sido reduzida a pauzinhos que saíam do chão! Uma onda de choque e descrença o atingiu, e então a raiva começou a crescer. Ele ficou nervoso, devastado e ofendido. "*Como isso pôde acontecer?*" Isso se chama natureza. A natureza aconteceu. Ele foi vítima da população de cervos de Trinity County.

Agora, do outro lado da rua estavam os jardineiros experientes, e os cervos ficavam pacificamente do lado de fora de seus jardins. Dia após dia, esses jardineiros traziam o que eles escolhiam dar ao cervo. Esses jardineiros não tinham medo dos cervos. Eles não odiavam os cervos. Eles não queriam matar os cervos. Na verdade, eles amavam os cervos. Os cervos davam certa ajuda à estética e ambiência de suas vidas tranqüilas de jardinagem.

Criar filhos é muito parecido com jardinagem em Weaverville. Como pai, você precisa encontrar uma forma de colocar uma cerca ao redor do seu jardim com um portão. Então você precisa escolher quem entra e quem sai, para que você proteja a qualidade da sua vida. Somente você é responsável pela qualidade da sua vida. Não é culpa de ninguém. Cuidar do seu jardim não é a responsabilidade do cervo! Só porque você pensa que está sendo gentil, longânimo, paciente, agradável e sacrificial não quer dizer que você ficará menos destruído quando descobrir que seus filhos, ou talvez seu cônjuge ou parentes, não são herbívoros ou carnívoros, mas *oportuní-*

voros. E eles estão procurando uma chance para se alimentarem da riqueza do que você tem em sua vida. Você tem que estar ciente desta situação. Você tem que ter um valor pelo que você tem no seu interior, e assumir pessoalmente a responsabilidade pelo jardim que deve administrar. Não é responsabilidade de mais ninguém .

Limites comunicam o valor do que está dentro desses limites. Se você tiver vários carros destruídos em um campo, é uma *coisa desagradável.* Se você colocar uma cerca ao redor deles, agora você tem um *ferro-velho.* E se você colocar um prédio ao redor deles, agora você tem uma *oficina.* A cada aumento dos limites você aumenta o valor do que está dentro deles. Quando você aumenta o nível do que você exige para que o acesso seja permitido, você aumenta o valor do que você tem. A todos que estão perto, precisamos enviar uma mensagem clara sobre o tamanho do valor que temos por nós mesmos através da forma que estabelecemos limites.

Eu contei a história dos cervos porque alguns pais cristãos tendem a ser mais passivos e não confrontam seus filhos. Pais passivos não têm uma cerca em volta dos seus jardins porque um estilo passivo de relacionamento diz: "Suas necessidades importam, as minhas não". Muitas vezes, esses pais lutam para ter uma resposta respeitosa de seus filhos porque fizeram um bom trabalho dizendo a eles que não respeitavam a si mesmos. Suas próprias necessidades não são importantes pra eles, então por que os filhos deveriam valorizar as necessidades dos pais no relacionamento?

Há também pais cristãos que são mais agressivos e ensinam seus filhos que é a função dos filhos manter uma distância segura deles. Eles têm uma cerca elétrica em volta de seus jardins. Chegue muito perto e será eletrocutado. Seu estilo agressivo diz: "Minhas necessidades importam, as suas não". Há muitas lições sérias sobre os caminhões amarelo e vermelho nessas casas.

Mas nenhum desses estilos é o que queremos ensinar a nossos filhos, porque em ambos os casos, alguém está sendo desrespeitoso. Queremos que eles aprendam que, em um relacionamento saudável e respeitoso, as necessidades de ambos importam.

Outra chave para o estabelecimento de limites sadios é dizer àqueles à sua volta o que você fará ao invés de tentar que outros façam algo por você. Como pais, é fácil entrar na rotina de gritar comandos. "Pegue isso do chão! Venha aqui. Pare de ser tão barulhento. Seja legal com seu irmão!". Nossas casas ficam cheias da prática ilusória do controle mútuo. Mas como não acreditamos mais nisso, o que, então, devemos fazer? Comece dizendo aos outros o que você vai fazer. Pratique ser poderoso controlando algo que somente você pode controlar, ou seja, você mesmo. Diga coisas como: "Eu te ouvirei quando sua voz estiver tão suave quanto a minha". "Vou ficar esperando", ou: "Eu vou resolver a sua briga com seu irmão igual a um juiz de futebol. Só que vou cobrar 10 reais de cada um por cada briga. Preparados? Já!". Quando dizemos essas frases temos a habilidade de reforçar que o que dizemos é importante para nós, e não requer que outros nos dêem controle sobre eles. Simplesmente controlamos o que podemos controlar.

Eu ouvi de uma mulher, que fez um ótimo trabalho certificando-se em dizer a seu filho o que ela faria ao invés de obrigá-lo a fazer o que ele não queria. Um dia ela chegou em casa do trabalho e encontrou seu filho vestindo o uniforme do futebol. Ele disse: "Temos que ir pro jogo, mãe! Você disse que iríamos assim que você chegasse em casa".

Ela disse: "Tudo bem. Você passou o aspirador de pó?".

Ele disse: "Mãe! Eu não tive tempo. Só cheguei em casa há

duas horas!".

Ela disse: "Provavelmente. Eu te levarei ao jogo com todo prazer assim que você terminar de passar o aspirador. Fique à vontade".

Ele disse: "O que? Você não vai me levar agora?".

Ela disse: "Eu te levarei com todo prazer assim que você terminar de passar o aspirador. Fique à vontade".

"Ah! Não é justo!".

"Eu sei".

"Você me disse que se eu entrasse no futebol era pra eu ser responsável e não me atrasar".

"É verdade. E assim que você terminar de passar o aspirador, ficarei feliz em levá-lo".

"O treinador vai ficar super chateado! Eu sou o goleiro!"

"Pode ser. Eu te levo com todo o prazer assim que você terminar de passar o aspirador".

"Passar o aspirador é trabalho de mulher!".

"Boa tentativa". Ela então saiu, porque queria ficar o mais longe possível de sua boca. E, em alguns minutos ela ouviu um barulho. Era o aspirador de pó. Alguns minutos depois, seu filho veio até ela e disse: "Ta legal, terminei. Podemos ir agora?".

Ela disse: "Claro que podemos". Ela conferiu o lugar e disse: "Muito bom trabalho. Vamos lá".

Divertir-se ou Não? Eis a Questão

Aprender a estabelecer limites respeitosos é uma arte que requer grande sabedoria e prática consistente. Primeiro, você precisará de sabedoria para entender a si mesmo. Com isso eu quero dizer que precisará de um retorno do ambiente onde você está. As pessoas mais próximas de você podem te dizer como você afetou os relacionamentos ao seu redor ou como você pareceu ser afetado pelas pessoas ao seu redor. Se você é passivo e tem medo de confrontações, você pode ou não entender como isso determina seu estilo de relacionamento. As pessoas que observam isso primeiro em sua vida são alguns dos melhores para falar isso. Se você é agressivo e não muito fácil de lidar, então é necessário recrutar alguns corajosos para te confrontar. Fazer esse tipo de mudanças pode ser difícil, mas elas irão fortalecer sua habilidade de criar uma melhor qualidade de vida para você e quem você ama.

Tão importante quanto entender a si mesmo, é entender com que tipo de "invasor de jardim" você está lidando. Sua descoberta o levará a determinar o tipo de limites que você precisa estabelecer. Para alguns de nós, nosso grande invasor é um coelhinho branquinho que vem e dá umas mordiscadas. Nesses casos precisamos de uma cerca de uns 60 centímetros. Em outros casos temos um cervo querendo entrar em nosso jardim, então vamos precisar de uma cerca de 2 metros e meio. E alguns de nós gostamos de viver com touros e necessitamos de uma cerca eletrificada com arame farpado. Esses tipos variados são conhecidos pela forma que respondem aos níveis mais baixos de limites que estabelecemos. Se colocarmos um limite com alguém em nossa vida e ele ou ela parecer indiferente a isso, então precisamos começar a intensificar o limite para ajudar aquela pessoa a entender o quão importante essa área é para nós. Mas conheça seu predador, porque se você usar uma cerca para galinhas contra um touro, ele não vai nem perceber a cerca, mas se você usar cerca eletrificada pra coelhinhos, então você já está preparando o jantar. Você precisa praticar estes limites assim como estar ciente de como seus limites estão afetando outras pessoas em seus relacionamentos.

Um dos limites que comecei a estabelecer com meus filhos quando ainda eram pequenos chama-se *fácil de lidar*. Isso significa: "É isso que acontece quando ficam comigo por muito tempo". Você já viu uma criança de dois anos que não é muito fácil de lidar? Usamos a ferramenta do *fácil de lidar* para passar a nossos filhos: "Espero que você respeite o que preciso para que possa estar com você. Assim que você começar a fazer pirraça, aí não é fácil".

Você quer que seus filhos aprendam bem cedo que há duas pessoas nesse relacionamento. Isso significa que há dois grupos de necessidades. Você suprirá as necessidades do seu filho por segurança, liberdade, honra e poder. Você também precisa ensinar essa criança que você necessita das mesmas coisas. A maioria de nós não pode, e não deve aguentar o "difícil de lidar" por muito tempo. Se ficarmos nessa condição por muito tempo, adivinhe o que acontecerá conosco? Vamos nos tornar "difíceis de lidar". Quando somos difíceis de lidar, e eles também são, adivinhe o que sofre mais? Nosso relacionamento.

Imagine uma criança pequena que está fazendo o que eu chamo de Voz de Pterodátilo. *Yeeaak*! *Yeeaak*! Sabe de quem eu estou falando? Para mim, isso é, com certeza, difícil de lidar. Então, rapidamente e eficientemente, comece este processo:

"Oi! Difícil de lidar. Fácil ou quarto?"

"*Yeeaak*!"

"Você decide ou eu decido."

"*Yeeaak*!"

"Vai andando ou vai ser carregado?"

"Yeeaak!"

"Sem problema."

"*Yeeaak*!"

Você carrega a criança até o quarto. Quando chega ao quarto, você a informa: "Você pode vir comigo pra fora do quarto quando você estiver fácil. Vou ficar esperando". Então você sai do quarto. Agora, imagine o que o pequenino fez? Você acertou perfeitamente. Você vira e diz: "Fácil ou quarto?".

"*Yeeaak*!"

"Sem problema", você diz, e começa a ir em direção à criança. "Vai andando ou vai ser carregado?".

A criança, que nasceu para ser livre, sai correndo em direção ao quarto porque se nega a ser carregada para lá mais uma vez.

Em um diálogo interno, a criança está dizendo para si mesma: "É isso mesmo! Você não me colocou no meu quarto! Eu me coloquei neste quarto. É isso mesmo! Não brinque comigo! Ei! Espera um minuto. O que eu estou fazendo neste quarto? Eu estou em um intervalo? Eu tenho dois anos. Devo ficar aqui por dois minutos? Quanto é um minuto, mesmo? Eu não vou ficar aqui. Ninguém pode me fazer ficar aqui. Eu vou sair". E a criança sai do quarto e cuidadosamente entra de novo no espaço do adulto.

Enquanto isso, você está na cozinha lavando a louça. Olhando meio de lado, com um sorriso no rosto, você diz: "Ei, você! Fácil ou quarto?"

Essa criança está confusa com o sorriso. Ela estava procurando um adulto nervoso. Você parece feliz. Como isso é possível?

Ele pode até brincar de *difícil de lidar* de novo, mas ao final vai entender: "Espera aí. Você está brincando comigo? Quer dizer que você só quer que eu sorria pra você? Bem, eu tentei *quarto* duas vezes. Então lá vai..." E aquela criança te dá um sorriso.

"Aí está um sorriso! Agora sim! Isso é *fácil de lidar*!"

Então a lição sobre autocontrole foi dada. Seu filho logo aprende que há dois grupos de necessidades em todo relacionamento. Suprir os dois grupos é importante, não importa o quão velho ou jovem você seja. Se você praticar amor e honra, então até mesmo nossos filhos pequenos devem praticar. É muito importante ensinar nossos filhos que exigimos respeito e autocontrole para poder compartilhar um ambiente com eles. É incrível como eles entendem tão rápido e o quão espertos eles são.

Meu filho Taylor é o caçula. Ele foi criado dessa forma desde o nascimento. Um dia ele tinha cerca de dois anos de idade, e estava tentando pegar seu copo pela parte de baixo da prateleira superior da lavadora de louças. Ele começou a fazer pirraça. Eu disse: "Ei, ei! Difícil! Fácil ou quarto?". Ele sorriu pra mim e disse: "Fácil!". Em menos de um segundo ele escolheu fácil. Como você pode ver, crianças são incríveis. Elas têm autocontrole e poder para pensar e resolver problemas que nós normalmente não imaginamos que elas tenham e se pensarmos assim, elas passam a não ter esse autocontrole e poder. Dê a elas uma chance e eu tenho certeza de que elas irão impressioná-lo.

Mas quando estabelecemos limites respeitosos com nossos filhos, os treinamos a estabelecer seus próprios limites. Uma das maiores alegrias que eu tive foi ensinando meus filhos a estabelecer limites em seus relacionamentos com outras pessoas. Eles aprenderam a exigir respeito em relacionamentos, até mesmo de adultos.

Eu creio que estabelecer limites respeitosos com eles também os ajudou a entender melhor sobre como o Senhor interage com eles. Você já percebeu como o Espírito Santo é atraído por algumas coisas e repelido por outras? Você já notou que quando somos fáceis de lidar, o Espírito Santo se aproxima? Mas quando somos amargos e punitivos em nossas atitudes, acabamos por perguntar: "Para onde foi o Espírito Santo?". Não sentimos Sua paz ou Sua presença. Ele diz: "Uau! Como isso será bom para você? Você se lembra do que é importante para Jesus? Você se lembra o que Ele disse para fazer em momentos como esse? Você precisa de ajuda, ou consegue fazer sozinho?" (João 14:26). Finalmente, quando nos arrependemos, sabe o que acontece? Sentimos Sua presença de novo. "Fácil de lidar" é uma chave eterna para relacionamentos.

Desligue o Grande Botão Vermelho!

Agora, quando nossos filhos ficam mais velhos e mais espertos, os casos de "difíceis de lidar" se tornarão mais sofisticados. Em resumo, eles aprenderão a te responder, e quando eles estão difíceis, suas respostas podem parecer desafiadoras, argumentativas e desrespeitosas. E é este o grande botão vermelho no peito de muitos pais cristãos — *desrespeito*. Os pais fazem o possível para evitar que seus filhos apertem esse botão. Eles sabem como isso os deixa em seu interior, então ensinar que ninguém nunca desrespeita seus pais se torna uma prioridade!

Uma criança começa a pensar: *Eu estou me sentindo impotente hoje. Quero me sentir poderoso.* Então a criança fala algo desrespeitoso e os pais dizem: "Aaaaai!". Não é tão difícil para uma criança colocar seus pais além dos limites do autocontrole. Crianças naturalmente descobrem que os pais são indefesos mediante o desrespeito. Então os pais morrem de medo disso.

É muito ruim para nós quando deixamos nossos filhos nos controlarem com este medo, porque seu nível de respeito diminui.

E diminui porque é difícil para eles entregarem suas vidas nas mãos de alguém que os pode controlar. É muito difícil confiar em um líder que você controla. Então precisamos de uma forma de cuidar de nós mesmos para que eles não tenham sucesso em apertar nossos botões, não importa como eles empurrem ou pressionem nossa psique.

Seus filhos estão aprendendo bem diante de você, e você precisa entender que você não pode aprender por eles. O fato é que os problemas com os quais seus filhos estão lidando são os mesmos com os quais qualquer outra criança do mundo lida.

A todo lugar que eu vou, eu pergunto aos pais os tipos de problemas que estão tendo com os filhos, e sem surpresas, a lista é praticamente a mesma em todo lugar: desrespeito, desobediência, irresponsabilidade, explosões de raiva, lamúrias, briga com os irmãos, respostas atravessadas, intimidações, baixa auto-estima, tarefas ou dever de casa.

Estes problemas que temos com esses pequenos são praticamente problemas universais do homem. Eles acontecem em todo lugar do planeta. Estão acontecendo na China agora. Neste exato momento, alguém está respondendo aos seus pais de forma atravessada em algum lugar no mundo. Estes problemas não são um reflexo daquilo que você fez com seus filhos. *Não é culpa sua.* Essas crianças estão em uma jornada de aprendizado. Deixe-os aprender.

Pais que pensam que os problemas dos seus filhos são seus problemas acabam tendo problemas. Na verdade, eles acabam sentindo-se como a pessoa que eles estão tentando ajudar — miseráveis.

Quando eles vêem os erros de seus filhos como algo pessoal, esses pais estão efetivamente permitindo que os defeitos dos seus filhos determinem quem eles são. A única forma que podemos *responder ao invés de reagir diante* os erros dos nossos filhos, é permanecer desconexos desses erros.

Eu recebi um e-mail recentemente de uma jovem mãe que teve um avanço nessa mesma área:

Danny,

Olá! Eu tenho que compartilhar contigo uma ótima história.

Sábado à noite eu assisti a um vídeo do seu pacote Amando Nossos Filhos no Propósito. Algo muito grande me chamou a atenção. Você fala sobre estabelecer limites com nossos filhos de uma forma que não devemos reagir às suas manifestações gritar, berrar, o que seja, porque isso atrapalha a lição que eles estão prestes a aprender. Isso foi um marco para mim! Mais do que uma luz acendeu, milhares de luzes acenderam!

Então, no dia seguinte minha filha de quatro anos queria fazer algo. Eu disse que ela poderia, assim que três coisas fossem arrumadas. Eu a mostrei três pequenas coisas que ela deveria fazer e então voltei para o que estava fazendo. Meu esposo estava sentado no sofá enquanto isso estava acontecendo. Sem dúvida nenhuma, ela se jogou no chão e começou a se manifestar grandemente. Foi lindo. Ela protestou e tudo o mais. Ela até mudou o assunto e falou o quão terrível eu era. Ela gritou mais e mais alto, como nunca havia feito. Precisamos de todo o autocontrole possível para *não* fazer ou dizer nada a não ser "Eu sei". Mas nós conseguimos. E eu mantive minha voz calma e sinceramente triste por ela o tempo inteiro enquanto eu continuava minha própria tarefa de limpeza. Meu "eu sei" não foi nunca um grito! Isso foi incrível! Isso durou por mais ou menos 20 minutos. Ela fez tanto que logo pediu pra que a pegasse no colo. Antes eu teria dado um tempo à sua responsabilidade para consolá-la. Dessa vez, no entanto, eu falei: "Vou adorar te segurar no colo assim que aquelas três coisas estiverem todas prontas". Ela gritou ainda mais que antes... Deixa eu te dizer! E eu continuei falando: "Eu sei". Então Danny, eu a vi com o canto dos meus olhos fazendo *tudo* que eu havia pedido a ela para fazer e na ordem que eu havia mostrado. Ela não se esqueceu dessa parte. Ela sabia o que tinha que fazer, e assim que ela decidiu fazê-lo, foi feito perfeitamente. Eu sorri o maior sorriso da minha vida e pra mim mesmo gritei: "Isso!". Foi lindo. Funcionou, Danny! Depois, ela disse: "Agora, mamãe, você pode me pegar no colo?". E eu disse: "Claro. Vou adorar te pegar no colo". E foi isso.

Foi o melhor dia na criação da minha filha, só por causa daquela meia hora.

Obrigada,

Leslie

Depois de ler esta história, você deve estar pensando: "Bem, e quanto ao desrespeito daquela criança à sua mãe?" Esse é o grande botão vermelho, lembra? A criança não conseguiu entender porque ela apertou o botão sem parar e nada aconteceu. Então aquela criança entendeu que a mãe era uma pessoa bem poderosa. Mas o que devemos ver é que a mãe não tinha botão. "Vou adorar te segurar no colo assim que você tiver terminado.", ela não disse à sua filha o que ela tinha que fazer, ela não ameaçou sua vida, ela não mostrou a ela um de seus martelos. Ela disse o que *ela* faria, e então ela fez. Ela é uma mulher poderosa, não controlada por outro ser humano. E essa garotinha aprendeu que era a única dona de seu problema e deveria encontrar uma solução para ele bem rápido.

Pausas Mentais

Você deve ter percebido que além de dizer à sua filha o que ela iria fazer, esta mãe também dava *pequenas* e simples respostas aos seus protestos. Ela dizia: "Eu sei", enquanto sua filha fazia pirraça. "Eu sei", "Provavelmente", "Poderia ser", "Eu não sei", e "Boa tentativa", são as minhas favoritas. Essas frases de uma linha são seus melhores amigos quando seu filho quiser discutir com você. Elas são sua sanidade. Elas são uma forma de colocar seu cérebro no "ponto morto" enquanto a outra pessoa está tentando te deixar maluco. Eles te ajudam a tornar-se como uma nuvem, algo que não reage — algo que não pode ser controlado. Eu não estou falando de construir uma barreira ou ignorar seu filho. Lembre-se, você deve criar uma oportunidade para que seu filho encontre uma solução porque ele ou ela realmente tem um problema. Você só pode usar isso com sucesso se sua posição em relação a seu filho for de amor e respeito. Amar seus filhos faz com que você zele o aprendizado deles.

Quando seu filho estiver fazendo pirraça, fazendo escândalo à sua frente, é exatamente o momento mais difícil para se ter uma conversa sensata com aquela pessoa. As emoções do seu filho estão totalmente desgastadas. Agora é um ótimo momento para você ser uma nuvem: "Eu sei. Provavelmente". Então a criança vai falar: "Não gosto de estar com você. Vou sair daqui". Na verdade é isso mesmo que você quer. Então ele sai para tentar entender. Talvez depois, quando o pensador voltar, você possa conseguir resolver o problema, mas quando seu filho está fora de controle, é o pior momento para engajar-se nessa luta. Seu filho não está buscando soluções; ele está buscando vítimas.

E pode ser você, se você quiser, mas lembre-se: você tem uma escolha. Se você não quiser ser uma vítima, então eu o encorajo a decorar essas frases de uma linha. Escreva-as no seu braço, na sua mão, ou na parte interna das suas pálpebras. Você precisa de uma forma de tê-las à mão para que, quando seu filho disser: "Isso é chato! É idiota! Isso não é justo!", o piloto automático seja ligado.

É assim que um diálogo com essas frases de uma linha poderia ser:

"Isso é idiota! Não é justo!"

"*Eu sei.*"

"Você sabe que não é justo?"

"*Provavelmente.*"

"Essa é a pior coisa que você já me obrigou a fazer!"

"*Pode ser.*"

"Por que você está agindo todo estranho?"

"*Eu não sei.*"

Você está dizendo a seu filho: "Eu sou uma nuvem e não posso ser movido. Sim, eu te amo, e está tudo bem que você lute com seu problema e descubra onde você coloca o seu respeito, eu sou uma nuvem. Eu vou cuidar de mim enquanto você luta com você. Eu não controlo sua atitude ou sua boca. No momento que eu tentar eu estarei perdendo esta batalha".

Quando você planta sementes, nascerá aquele tipo de planta. Quando você tenta controlar outro ser humano, você está plantando sementes de desrespeito. Eu não quero saber se você é o pai ou rei do planeta, isso não importa. Você não pode controlar outro ser humano. Não há caminhões amarelos no Céu! Quando você tenta, está sendo muito desrespeitoso. Mas não se preocupe, porque o tempo da colheita está chegando. E vai chegar quando eles não tiverem mais medo de que você os mate — na adolescência. Eles são um pouco mais poderosos, e começam a dizer coisas como: "Isso não está certo! Não é justo! Você não pode me controlar! Eu vou fazer isso de qualquer forma, e não há nada que você possa fazer para me parar". Se continuarmos a tentar controlar pessoas que estão começando a sentirem-se poderosas, tome cuidado. Esse tipo de luta por força irá trazer sérios danos ao seu relacionamento com seus filhos.

"Ah Não" e "Sem Problema"

"Ah não" e "Sem problema" também são respostas particularmente projetadas para ajudar seus filhos a tomar posse de seus erros e problemas. Quando seu filho cometer um grande e terrível erro, você precisa conseguir responder: "Ah não". E certifique-se que eles possam sentir o amor nisso, porque "Ah não" significa: "Eu estou triste por você e eu sei que isso vai doer bastante. Mas vai ficar tudo bem, porque eu sei que você é tão esperto quanto qualquer um, e você aprenderá algo dessa conseqüência que está chegando. Você está ouvindo? Não é o trem de carga; é uma conseqüência, e está vindo para uma estação perto de você. Eu o amo muito enquanto isso acontece em sua vida".

Eu quero que meus filhos sintam o peso e a responsabilidade de suas decisões. Eu quero que eles pratiquem e aprendam sobre a vida de uma forma que lembre a vida real que eles enfrentarão na idade adulta. Por exemplo, imagine sua filha chegando em casa da escola e comunicando isso:

"Mãe, eu deixei minha mochila no ônibus."

"Ah não! Você deixou sua mochila no ônibus."

"Sim."

"Ah não."

"Ah sim. Ah, mãe, eu levei Spooky, meu hamster, para a escola hoje e não te disse. E, Spooky está agora na minha mochila."

"Spooky está na sua mochila? Ah não! Está tão quente hoje. Coitado do Spooky!"

"É, é o que eu estava pensando."

"*E o que você vai fazer agora?*"

"O que eu vou fazer?". E sua filha começa a ter um diálogo interno tentando descobrir a resposta: "Ei, mãe! É agora que você fica nervosa comigo por ser tão irresponsável. Eu só tenho oito anos de idade. Você sabe que não pode confiar em mim. Você vai ter que mostrar sua raiva de alguma forma, gritar sobre isso, e ir comigo de carro gastar um pouco da gasolina pra consertar meus erros".

"Sim, querida, o que você vai fazer agora?"

"Mãe, eu tenho oito anos. O que eu posso fazer?"

"Eu não sei, amor."

"O que tem de errado com você, mãe? Por que você está tão calma?"

"Eu não sei."

"Spooky está assando em um ônibus em algum lugar, e tudo o que você diz é Eu sei e Eu não sei?"

"Provavelmente."

"Isso é bem mais sério do que você deve estar pensando."

"Pode ser. Você quer minha ajuda com isso?"

"Sim."

"Bem, se fosse meu problema, eu provavelmente começaria com a lista telefônica e veria se eu consigo ligar para alguém que saiba onde os ônibus ficam guardados. Você gostaria de tentar fazer isso?"

"Eu tenho só oito anos. Eu não sei usar uma lista telefônica."

"Ah não."

"Você pode me mostrar como?"

"Eu adoraria."

Essa lição poderia levar a uma aventura que inclui aprender que listas telefônicas são difíceis de usar até mesmo para muitos adultos, na tentativa de ligar para uma escola. Poderia haver uma lição do quão difícil é alguém te levar de carro para que você possa recuperar seu hamster. Um hamster é uma lição bem barata. Muitos de nós estamos mais interessados em resolver o problema imediato do que estamos em deixar que nossos filhos aprendam a ter responsabilidade sobre suas vidas. Não se preocupe, porque se eles não aprendem enquanto são crianças, chegarão à sua casa como adultos. Então você poderá realmente dizer: "Ah não".

"Sem problema" é outra frase que ajuda seu filho a pensar por ele mesmo. Isso significa: "Sem problema pra mim. Mas provavelmente há um problema vindo na sua direção".

"Eu não posso fazer isso! Você não pode me obrigar!"

"*Sem problema.*"

Lembre-se, você precisa poder dizer isso com um sorriso no rosto. Um sorriso só pode estar no rosto de alguém que *não tem um problema*. Quando nossos filhos estão sendo desafiados ou com dificuldades com seus problemas, muitos de nós não temos um sorriso no rosto. Nossos rostos dizem que não somos pessoas com um problema. "Sem problema" também nos lembra que nesta situação, não somos nós que temos o poder de resolver as coisas. Precisamos passar a nossos filhos: "É seu problema, então eu falo com você de novo quando você conseguir pensar mais uma vez. Mas, agora, posso ver que você está tendo um ataque emocional. Eu não vou tentar te fazer enxergar ou desejar o que eu quero. Eu vou esperar e estar contigo quando você estiver pronto para assumir a responsabilidade por isto. Só você tem o poder de resolver os seus problemas".

Construindo Confiança: Diga o que Você Quer Dizer

Essas são todas grandes ferramentas para te ajudar a proteger a saúde e a alegria do seu jardim. Mas, mais uma vez, o melhor que você pode fazer para estabelecer limites respeitosos com seus filhos é se aperfeiçoar em dizer a si mesmo o que fazer e perder o hábito de dizer a outros o que fazer. Para muitos de nós, gritar comandos para que nossos filhos obedecerem parece ser poderoso, sadio e correto. Temos isso gravado em nossas mentes: "Nossos pais gritavam comandos. Todos em poder e autoridade em nossas vidas gritavam ordens. Não é isso que os chefes fazem?".

Vamos pensar nisso. O nosso objetivo como pais é coagir a submissão de nossos filhos, ou queremos algo maior do que isso? Ao simplesmente tentar obrigar nossos filhos a fazer o que queremos, perdemos uma grande oportunidade — a oportunidade de ensinar nossos filhos a como pensar por si mesmos, a resolver problemas e a fazer escolhas responsáveis tanto em nossa presença, ou fora dela. Sabemos o que está acontecendo nos corações de nossos filhos quando interagimos com eles? Ou estamos apenas preocupados em "*aquela meia tem que ir para o cesto de roupa suja*"? Nós temos que decidir.

Quando gritamos comandos, precisamos entender que estamos simplesmente tentando parar a chuva. Quando dizemos a nossos filhos: "*Não vire seus olhos pra mim, garoto!*" estamos realmente dizendo: "Por favor, por favor, por favor, não me desobedeça". Quando dizemos "Vem aqui *agora!*" é até melhor que continuemos com "por favor!". Porque, mais uma vez, o fato é que não temos nenhum poder para forçar nenhuma dessas frases. O que você pode controlar para ter um bom dia, lembre-se: é você mesmo. Você quer sentir-se poderoso? Diga ao seu corpo aonde ir, quanto tempo ficar lá, o que colocar em sua boca e o que não deixar sair de sua boca. Se quiser se sentir impotente, tente dizer a outros o que fazer. Tente obrigar outras pessoas a fazer o que você quer para que você se sinta bem. Dê a eles todo o poder sobre o seu bem estar. Esta é a receita pra um mal dia. Uma ótima forma de estabelecer limites sadios em nossos relacionamentos é aperfeiçoar-se em dizer aos outros o que vamos fazer, e deixá-los decidir como vão lidar com isso.

Quando dizemos o que queremos dizer, e sem mentiras fazemos o que dissemos, então passamos a ser *confiáveis*. Nossas palavras significam algo. Mas enfraquecemos nossas palavras quando ameaçamos ou falamos coisas que não podem ser forçadas como: "Não fale comigo assim!" ou "Seja gentil com seu irmão!".

Também enfraquecemos nossas palavras quando gastamos muito tempo dando lição de moral. Eu gosto de perguntar aos pais que dão lição de moral: "Isso está funcionando pra você?". Eu normalmente imagino que não está funcionando. O momento que você captura a atenção e o respeito de seus filhos não é determinado por quanto barulho você pode fazer ou quantas palavras você pode falar. É determinado pela demonstração de que você realmente quis dizer o que disse. É isso que faz de seus filhos crentes. Você se lembra da professora do Charlie Brown? "Waa waa waa waa waa waa". É o que parece para uma criança que não está te ouvindo. A criança diz: "O que? Eu estou ouvindo. Já terminou? Posso ir? Eu te ouvi!".

Mas não, você ainda não terminou: "Waa waa waa waa waa". Você ficou impressionado com seu discurso — os pontos que você deu, as analogias de sua infância que são relevantes hoje, e o fato de que esta foi uma ótima oportunidade para aprender algo. Você nem entende que não tinha nenhuma platéia. Se você quiser fazer alguma diferença, então se aperfeiçoe em fazer algo e não simplesmente falar sobre algo.

Uma das minhas histórias favoritas do *Amor e Lógica* é sobre uma diretora de ensino fundamental que uma vez teve um grande problema. As garotas de sua escola haviam descoberto o batom e os espelhos do banheiro estavam cheios de marcas de lábios neles, porque as garotas estavam tentando conseguir a melhor marca de lábios no vidro. O pessoal da limpeza estava enlouquecendo! Eles tinham que limpar todos aqueles espelhos gordurosos em cada banheiro feminino da escola todos os dias. Com o pessoal da limpeza prestes a iniciar uma revolta, a diretora decidiu chamar uma assembléia com toda a escola para fazer um anúncio. Ela iria mostrá-los um martelo.

Então ela os reuniu e disse: "Ouçam isto! Todos que forem pegos encostando seus lábios contra os espelhos de minha escola vão lamentar-se do fato de seus lábios haverem tocado o vidro. Estamos nos entendendo? Estou sendo clara?".

Os garotos estavam olhando uns para os outros, tentando imaginar como eles poderiam conseguir batom, porque agora eles sabiam uma forma de enlouquecer a diretora. Então, o anúncio não funcionou. O problema só piorou. Ela enviou uma carta aos pais dos alunos. Isso não funcionou. Ela encarregou o professor mais durão da escola para tentar dar um jeito. Isso não funcionou. Então ela chamou Jim Fay, o fundador do Instituto Amor e Lógica, para fazer seu trabalho. Ele pegou um vôo e foi para e escola reunir-se com a diretora.

Jim e a diretora estavam no corredor quando uma zeladora se aproximou e disse: "Com licença, mas eu não pude deixar de ouvir que você está nos ajudando com o problema do batom. Posso ajudar?".

Jim Fay disse: "Bem, na verdade eu ainda não encontrei uma solução. Mas o que você puder fazer — vale à pena tentar".

A zeladora perguntou que horas seria o próximo intervalo e a diretora disse às 10h30min. Então às 10h30min, a zeladora veio com seu carrinho e entrou no banheiro feminino. Ela fez bastante barulho de uma forma bem dramática para que as meninas percebessem que ela estava ali. A zeladora disse: "Opa, me perdoe". Com todas olhando atentamente ela pegou um rodo e uma esponja, foi até a privada, mergulhou a esponja na privada e derramou tudo nos espelhos. As garotas ficaram olhando incrédulas enquanto ela passava a esponja pra cima e pra baixo pelo espelho.

Uma das garotas começou a gritar: "Que nojo! O que você está fazendo?".

A zeladora olhou para ela e disse: "O que? Eu faço isso toda hora!".

O que mais faltava dizer? Qual outro motivo poderia ser dito para terminar esse assunto e ensiná-las uma lição? Nenhum. Elas simplesmente tinham algumas decisões a serem tomadas.

Crianças são muito espertas. Elas apenas precisam de boas informações com as quais trabalhar. Você não precisa de muitas palavras. Deixe suas ações falarem e ensiná-las que quando você falar que vai fazer algo, você está falando sério. Cumpra o que você falou. Eu digo a meus filhos: "Você pode fazer o que você quiser, mas eu não faria". Então eles ficam se perguntando: "Por que não?". Não é meu trabalho tomar conta de seus pensamentos. Gritar não funciona pra mim. Você pode continuar se você quiser, mas eu não o faria.

Pontos Para Reflexão

1. O quão bem você entendeu a prioridade de tomar conta de si mesmo? Quais são as coisas que você faz para lidar com o estresse? E isso está funcionando?

2. Qual estilo relacional você se relaciona mais — passivo ou agressivo (ou passivo-agressivo)? Você precisa fazer ajustes em valorizar suas necessidades ou as necessidades dos outros?

3. Você se vê gritando com outros? Pense em algumas situações nas quais você gostaria que o comportamento do seus filhos mudasse, e então crie algumas frases que comunicarão o que *você* fará.

4. Você tem permitido que seus filhos te controlem com o grande botão vermelho do desrespeito? Como isso afetou sua relação com eles?

5. Em quais áreas na vida de seus filhos, você poderia deixá-los assumir mais responsabilidades e cometer mais erros — lugares onde às conseqüências não são tão sérias?

6. Há áreas do comportamento dos seus filhos que você

tentou mudar através de sermões? Se há, como você pode criar limites para seus filhos nessas áreas dizendo a eles o que você fará, e de fato fazer?

Capítulo 4

Escolhas

Agora que entendemos a prioridade de cuidar de nós mesmos, vamos ver nossa segunda responsabilidade como pais — capacitar nossos filhos. Eu já falei um pouco sobre estabelecer limites com nossos filhos quando se trata de ser "fácil de lidar". Mas há muitas outras habilidades que queremos que nossos filhos aprendam além de, simplesmente, como controlar seus temperamentos em nossa presença. Os expomos a este mundo real de responsabilidades ao dá-los escolhas — muitas escolhas. Lembre-se, o primeiro exemplo que temos foi o Jardim. Deus deu a Seus filhos escolhas. Eu fico pensando "Por quê?".

Em meus seminários, sempre faço esse exercício específico para demonstrar a profunda necessidade humana de liberdade e autocontrole. Eu normalmente o faço quando eu já estou com o grupo por mais ou menos uma hora e já "marquei" minha vítima. Eu escolho a mulher mais doce que possa encontrar. Eu pergunto seu nome, e então, enquanto ainda estou na frente da sala eu a pergunto: "Como você se sente comigo ficando a essa distância enquanto estou falando?".

Ela dirá: "Bem".

Então eu chego bem perto dela e digo: "E agora?".

Ela vai ficar inquieta e então dirá: "Está tudo bem".

Eu então pergunto: "E se eu colocar minhas mãos no seu pescoço?".

Então o grupo dá risos nervosos e ela fala: "Não, isso não seria certo".

Eu então digo: "E se eu te tirar dessa cadeira, te segurar no chão e não te deixar levantar? O que você faria?".

Ela diz: "Eu iria gritar".

Eu digo: "Eu não vou te largar e ninguém aqui pode te ajudar. O que você fará?".

Uma vez eu estava trabalhando com uma mulher chamada Sarah. Estávamos nesse ponto no exercício e ela perguntou: "Você não vai me largar?".

Eu disse: "De forma alguma".

"Tem certeza?".

"Sim, senhora".

Ela então falou: "Bem, então acho que eu vou ter que ir por cima do seu braço e apertar meu polegar contra seu globo ocular até tocar no seu cérebro".

Eu dramaticamente pulei para trás, me encolhendo em terror pela Sarah.

Ela riu e disse: "Mas você disse que não iria me soltar".

O grupo irrompeu em gargalhadas.

Agora, como foi que eu peguei a doce Sarah e transformei-a em uma maníaca homicida que encosta em cérebros? Eu simplesmente não respeitei sua necessidade por controle — autocontrole. Com cada passo, eu ameacei sua habilidade de controlar-se, até que ela ficou em pânico. Ela estava disposta a me machucar e, neste caso, me matar. Isso foi porque ela era tão má e rebelde? Não, foi porque ela precisava ter sua liberdade. Se ela precisasse me machucar para recuperar seu autocontrole, então ela vai fazer essa escolha.

Um dia, quando Levi tinha mais ou menos três anos de idade, Sheri teve que acordá-lo de seu sono, vesti-lo e colocá-lo no carro para que pudesse pegar Brittney, que estava esperando na escola. Estava nevando, então ela teve que agasalhá-lo e colocar botas nele. Ele ainda estava grogue de seu sono e imediatamente começou a lutar com a mão dela, que estava segurando seu calcanhar e tentava forçá-lo a calçar a bota. Sheri percebeu que tentar vesti-lo seria difícil. Então ela perguntou: "Levi, você quer levar seu ursinho de pelúcia ou deixá-lo aqui?".

"Ahn?"

"Você quer levar seu ursinho de pelúcia ou deixá-lo aqui?"

"Levar".

Então ele relaxou, e ela colocou as botas nos seus pés, permitiu que ela o vestisse e eles saíram. Ele precisava de algum controle no relacionamento, e ela sabia que poderia oferecê-lo um remédio para suas necessidades mais profundas como um ser humano. Sim, crianças realmente são pessoas. E se falharmos em honrar a verdade de que a única pessoa capaz de controlar você, é você mesmo, estamos instigando os nossos filhos a fazer o mesmo. Se você disser: "Venha aqui agora", até mesmo uma criança submissa pode demonstrá-lo que você não pode controlá-la. Ela simplesmente dita a velocidade pela qual ela se submete. É assim que começamos a procurar martelos, que são meios de intimidar nossos filhos para convencê-los que nós os controlamos. Mas é uma mentira, e enquanto isso guiar nossas ações, você continuará fabricando formas de convencer pessoas a te dar seu autocontrole. Quando você o fizer, você efetivamente treinará seus filhos a serem controlados por pessoas raivosas e agressivas ou manipulativas que reclamam, e tentam controlar outros da mesma forma.

Quando damos a nossos filhos escolhas, os validamos ao reconhecer que eles precisam de poder no seu relacionamento conosco. Se agirmos como se tivéssemos todo o poder e eles nenhum quando são pequenos, uma difícil transição está se preparando para quando eles forem mais velhos e estiverem prontos para compartilhar o poder. Na adolescência de nossos filhos, podemos erroneamente entender que essas lutas por poder são pelo respeito e pelo seu valor para nós como pais mais do que pela necessidade de autocontrole dos nossos filhos. Em nosso pânico para preservar nosso status no relacionamento, acabamos ficando tão loucos que dizemos sem pensar: "Eu te dei duas escolhas. Você quer viver ou morrer? Você quer ser enterrado no nosso quintal ou no do vizinho?". Precisamos começar a compartilhar o poder com eles desde cedo no relacionamento.

Como aquelas pequenas frases, oferecer escolhas precisa tornar-se algo natural para você, porque você precisará fazê-lo sob pressão — normalmente a pressão das *péssimas escolhas* de seus filhos. Muitas vezes você precisará responder muito rapidamente a elas. Se o seu filho pisar em cocô de cachorro e entrar na casa, você diria: "Filho, olha, cocô de cachorro no seu pé. Meu amor, fique quieto. Você poderia, ah, bem, você poderia, ah...". Você precisa dar-lhe algumas escolhas. Esse seria um ótimo momento de dizer: "Você pode ficar lá fora com esses sapatos desse jeito ou descobrir uma forma de manter o cocô fora da casa. Vou ficar esperando". Assim, é para o seu benefício praticar oferecer escolhas sempre que puder, até mesmo quando não parece necessário, para que se torne um hábito. Às vezes vai ser mais ou menos assim:

"Ei, você vai fazer compras comigo ou ficar aqui?"

"Vou com você."

"Você vai no banco de trás ou da frente?"

"Pai, só eu vou com você!"

"Eu sei. Você quer entrar na loja comigo ou ficar parado aqui fora?"

"Pai, estamos comprando tênis pra mim! Por que você está tão estranho?"

"Eu não sei", com um grande sorriso no rosto.

Treinar te ajuda a estar pronto para o "dia do jogo". Acredite ou não, esse é um dos pontos mais importantes para muitos pais tentando mudar para outro estilo de guiar seus filhos. Eles não conseguem pensar em duas escolhas quando confrontados com uma luta por poder. Tudo que lhes vêm à mente é: "Você quer fazer o que eu te disse ou... fazer o que eu te disse?".

Compartilhamos controle ao oferecer escolhas. Agora, há momentos quando você precisará dizer coisas como: "Saia da rua!". Obviamente, nessas horas você não pode dar nenhuma escolha. "Você quer seu sangue dentro ou fora de seu corpo?". Essa conseqüência é demasiadamente cara para que eles aprendam com suas escolhas ruins. Mas esse estilo de comando não pode ser o sistema principal no relacionamento. Se for, então você provavelmente tem um nível extremamente alto de ansiedade entre vocês dois e provavelmente uma relação fraca. Aprender a ser um especialista na arte de oferecer boas escolhas irá dar suporte a uma cultura de capacitação em sua casa. Ao mesmo tempo, isso o prepara para o sucesso quando você precisar estabelecer limites para o comportamento deles, como por exemplo:

"Ei, você quer falar respeitosamente enquanto está chateado, ou quer conversar daqui à uma hora?"

"Você está cansado ou precisa de alguma coisa pra fazer?"

"Todos nessa mesa de jantar são fáceis de lidar. Você está pronto para ser fácil ou vai pra outro lugar até que seja fácil?"

Três Diretrizes para Escolhas

Há basicamente três diretrizes para estabelecer limites com escolhas. Em primeiro lugar, quero que você perceba algo sobre as escolhas que eu acabei de oferecer. Em cada caso, ambas as opções que dei foram coisas que me deixariam feliz se meu filho escolhesse. Damos a nossos filhos *escolhas reais* quando os mostramos duas formas de fazer algo e ambas são boas para nós. Se oferecermos a nossos filhos uma escolha entre o que queremos que ele faça e o que não queremos, então os preparamos para que eles escolham mal só para que nos sintamos poderosos. Podemos capacitá-los a fazer boas escolhas oferecendo duas grandes escolhas. Você deve dar escolhas onde ambas são boas pra você. "Você quer fazer o que eu te disse, ou quer apanhar?" não é uma boa escolha, porque uma delas não te fará feliz, e toda criança que está tentando ganhar uma luta por poder escolherá a segunda opção: "Me bata. Vai em frente. Faça meu dia melhor". "Você quer arrumar seu quarto ou me pagar pra fazê-lo por você?" é um grupo de escolhas capacitador porque você pode ficar feliz com qualquer escolha.

A segunda diretriz para oferecer boas escolhas é que você tem que certificar-se que seu filho entendeu as escolhas oferecidas. Quando você os diz para arrumar seus quartos, por exemplo, você precisa saber que o entendimento deles de um trabalho completo é igual ao seu. Você já disse ao seu filho para ir limpar seu quarto, e ele foi e saiu oito segundos depois? E quando ele saiu você disse: "Não mesmo! Eu vi aquele quarto. É impossível você o ter arrumado em apenas oito segundos".

"Ah, arrumei sim!", ele respondeu. "Eu abri um caminho para o cesto de roupa suja. É isso que você queria, certo?".

Temos que explicar a tarefa passo a passo para mostrá-los como nós queremos que o quarto seja arrumado. Ao fazer isso, sugiro que você faça perguntas, que são como escolhas, porque perguntas fazem as crianças pensarem em vez de simplesmente absorverem informação:

"O que você acha da cama? Está arrumada ou não?"

"Arrumada? Você acha melhor que o travesseiro esteja em cima dela?"

"Claro. E o que você acha da coberta? Deveria estar em cima, ou embaixo?"

"Em cima? Como você faz?"

"Isso!"

"Isso vai demorar um ano!"

"Provavelmente. E o que você acha do chão? Você acha que está limpo e aspirado?"

"*E aspirado*? Isso não é justo!"

"Eu sei."

"Você sabe que não é justo?"

"Bem, provavelmente. E quanto ao cesto de lixo — cheio ou vazio?"

"Vazio."

"E quanto ao cesto de roupas — cheio de roupas sujas ou cheio de roupas limpas?"

"E o que você quer que faça com as roupas limpas? Guardá-las?

"Provavelmente. Alguma pergunta?"

"Por um acaso você leu algum livro sobre criação de filhos, ou algo assim?"

"Sim!"

"Bem, não vai funcionar comigo!"

"Eu sei."

Então, aqui vai à última diretriz para oferecer escolhas. É neste ponto onde a maioria dos pais não sabe o que fazer. Você já deu escolhas a seus filhos onde ambos os resultados são bons, e certificou-se de que eles entenderam a tarefa. Mas o problema é, quando você dá a uma criança uma escolha entre "A" e "B", qualquer criança com cérebro dirá "C". Como você faz com que escolham entre "A" e "B"? É por isso que você precisa ter um plano um plano que vai reforçar suas escolhas com conseqüências.

Vamos continuar com a situação de arrumar o quarto. Você entra no quarto do seu filho e pergunta: "Então, você quer arrumar seu quarto, ou me pagar pra fazê-lo?". Quando você oferece essa escolha, qualquer criança com cérebro dirá: "Quanto?". Você pode pensar: "Isso é um desrespeito! Eu não posso acreditar que você fez essa pergunta. Você deveria ter escolhido a primeira opção". Mas não é desrespeitoso, é sabedoria. Se você levar o carro até o mecânico e disser: "Você pode consertar isso?" e eles disserem "Claro", é melhor você perguntar "Quanto?".

Então seu filho diz: "Eu poderia contratar alguém pra fazer isso? Ótimo. Quanto?".

"Cinqüenta pratas". (É quanto eu cobraria. Talvez você faça por cinco. Mas você coloca o preço. É seu mercado.)

"Cinqüenta pratas! Você andou bebendo?"

"Provavelmente."

"Eu não vou te pagar cinqüenta pratas."

"Sem problema". E você diz isso com um sorriso no rosto. Você se lembra o que "Sem problema" significa? "Sem problema pra mim, mas provavelmente há um problema vindo na sua direção".

"Eu não vou fazer isso. Você não pode me obrigar!"

"Sem problema. Eu saberei o que você decidiu em dez minutos". E então você sai. Aonde você vai? Bem, primeiro você vai orar. Você vai orar para que seu filho não limpe o quarto. "Ó, Senhor de Israel, por favor, se Tu me amas, segure-o. Não o deixe, ó Poderoso, sair daquela cama e assumir uma responsabilidade agora. Cubra seus olhos e deixe-o cair nesse buraco, para que ele possa aprender que eu sou a força que deve ser reconhecida e possa estabelecer limites em minha casa. Eu quero mesmo presenteá-lo com essa maravilhosa conseqüência. Por favor, ouça as minhas palavras, Poderoso Deus". Você ora para que seu filho escolha mal porque então você pode fazer seu trabalho. Se você puder fazê-lo, então você saberá que está pronto. Você precisa ter essa fé.

Depois de você orar, você pega a pá, lança-chamas, vacina antitetânica e o que mais for preciso para ir lá e fazer um bom trabalho. Quando os dez minutos terminarem, você está lá na porta e lá está ele sentado na cama com seu iPod ligado, te ignorando completamente, como você orou. Você traz o material de limpeza e começa a fazê-lo. Quando você terminar, o quarto vai estar assim como você queria — um bônus extra!

Enquanto você sai, ouve: "Não vou te pagar!". Você, sorrindo, sai do quarto. A criança pensa: "Isso foi estranho. Ah, deixa pra lá".

Você pensa: "Ó Jesus, você é muito bom pra mim".

Pouco tempo depois, após ele ter tido tempo suficiente para esquecer-se que você arrumou seu quarto para ele, você se encontra com ele no corredor e diz: "Ei, eu estava pensando, como você quer me pagar pela arrumação do quarto? Eu aceito Visa, Mastercard, American Express, dinheiro, e trabalho duro". É bem divertido fazer isso, porque não há raiva. Não houve luta pelo poder, então ele não imagina que você o está pegando.

"Eu disse que não iria te pagar. É injusto que você veio ao meu quarto. Eu não te convidei. Eu não assinei um contrato. Eu contratarei um advogado se precisar."

E você diz: "Sem problema. Eu saberei quando você for pra escola amanhã o que você decidiu. Eu tenho certeza que consigo cinqüenta pratas pelo seu Xbox[3] no eBay, ou talvez do seu irmão. Ou o vizinho então você pode ir lá e jogá-lo. Ele vem tanto aqui. Eu acho que ele gosta. Ou tenho certeza que consigo cinqüenta pratas pela sua coleção de CDs ou seus vídeo-games. Tenho certeza que consigo cinqüenta pratas por alguma coisa. Mas não precisa se preocupar".

Quando você diz a alguém que está tentando se opor para não se preocupar, o que acontece? Ele se preocupa. E ele deveria se preocupar, porque você é o governo. Você é uma força a ser avaliada. Você é o governador da casa, e você é legal com isso e gentil. Mas seu filho está prestes a aprender a verdade sobre você.

"Eu me preocuparei se for necessário. Você nunca farei isso."

"Provavelmente."

Mas nem pense em fazer isso — nem mesmo comece — se não estiver disposto a vender o Xbox, e eu não quero dizer guardá-

3 N.T.: Um vídeo-game.

-lo no armário por dois meses até que ele se arrependa. *Não haja assim tão poderosamente se não quiser ir até o final, porque você vai ensiná-lo a não acreditar em uma só palavra que você diz.* E não faça isso se estiver com raiva. Só faça se estiver feliz, se puder dizer: "Ah, por favor, faça isso. Faça quatro escolhas ruins seguidas. Há algumas das melhores conseqüências que você vai aprender na sua vida".

Você deve estar pensando: "Uau, mas isso não é exagero? Eu não sei. Eu não poderia fazer isso a menos que eu estivesse com raiva. Como você faz com um sorriso no rosto? É um espírito maligno?" Não, isso é divertido, porque seu filho está aprendendo uma lição poderosa sobre responsabilidade pessoal e as conseqüências de suas escolhas. Na próxima vez que você disser: "Ei, você quer limpar seu quarto ou quer me pagar pra fazê-lo?" ele dirá: "Saia do meu quarto!" (ele provavelmente vai começar a esconder suas coisas).

E quanto a ser exagerado, deixe-me lembrá-lo que é assim que o mundo funciona. Você está cansado de pagar imposto? Por que simplesmente não diz: "Eu não vou mais pagar esses impostos"? Você não diz isso porque senão o governo dirá: "Sem problema. Você gostaria de mudar de idéia, ou prefere vir ao leilão?". O governo tem o poder de dominar, de estabelecer limites. Tem o poder de forçar conseqüências porque é uma força real. Ninguém do governo virá até você e dirá: "Ah não, não vai. Sim, você vai. É melhor você mudar de idéia". O governo não tem medo de que você faça escolhas ruins. *Ele apenas sabe o que você fará.* O governo vai vender seu Xbox.

Este é o mundo real, e realmente funciona assim. Estamos todos fazendo escolhas em todas as situações, e essas escolhas estão trazendo certas conseqüências para nossas vidas. Quando mostramos a nossos filhos como o mundo real é, os equipamos a estarem cientes do fato de que estão fazendo escolhas todo o tempo e então os habilitamos a assumir responsabilidades por elas. Suas habilidades para pensar e resolver problemas são ativadas quando aprendem a perguntar: "Qual o resultado disso pra mim?". E eles começam a fazê-lo antes que as conseqüências se tornem muito caras. Cinqüenta pratas não são nada quando você pensa no tamanho das dívidas que muitas crianças estão acumulando quando saem de casa e descobrem o mundo dos cartões de crédito.

Como acordar seus filhos com determinação

Um dos limites que tivemos que estabelecer com Levi foi acordar-lo na hora. Desde que eram bem pequenos, Taylor não precisava de muitas hora de sono, mas Levi precisava de muitas. Quando eles eram pequenos e compartilhavam um quarto, ouvíamos Levi dizendo: "Taylor, pare de falar comigo". O garoto precisava de muito sono. E quando o acordávamos de manhã, ele era uma preguiça. Então eu o dizia: "Ei, garoto, a primeira chamada pra acordar é de graça, porque eu te amo. Eu forneço uma chamada pra acordar". O que isso significa? Que outra estava por vir. Mas não se preocupe, porque a dez pratas a unidade, eu vou fazer um ótimo trabalho te acordando. Eu tiro todas as cobertas e digo: "Ei, como você está, garotão? Eu bato palmas, pisco a luz e dou-lhe beijos. Te amo, te amo, te amo, te amo". Ei, eu ganho dez pratas com isto. Ao longo da vida dele e seu desafio na hora de acordar eu ganhei trinta dólares.

Quando uma briga entre irmãos surge, muitos pais intervém com: "Parem com isso! Parem! Seja bom com seu irmão!". Mas não há nada que você possa fazer. Aqui vai uma idéia. Diga: "Ei, está claro que vocês precisam de um juiz, para certificarem-se que ninguém vai derramar sangue na mobília da mamãe. Eu cobro dez dólares cada. *Ding*!". A primeira vez eles podem até não parar, então suas orações foram respondidas. Na segunda vez, eles provavelmente dirão "Não" e se afastarão. A menos que seu outro filho comece a se bater e morder e se jogar no chão, então acabou.

Eu e Sheri oferecemos vários serviços em nossa casa, assim como nos Estados Unidos. Nos Estados Unidos você não precisa mais fazer o jantar. Alguém pode cozinhar por você. Tic tim! Você não precisa mais passar roupas, lavá-las ou fazer qualquer outra coisa. Alguém pode fazê-lo por você. Tic tim! É o jeito americano de ser. O melhor que temos a fazer é preparar nossos filhos para viverem neste mundo. Nós simplesmente dizemos: "Se você quiser me avise. É seu problema e sua vida que precisa de cuidado. É meu trabalho prover. Eu decido se é de graça, ou se vai custar. Mas temos muitos serviços. Temos um serviço de quarto. Temos um serviço de chamada para acordar. Temos um serviço de gerenciamento das luzes do quarto. Temos um serviço de trocas de tarefas domésticas". Mais uma vez, é seu mercado. Fica a seu cargo pensar em novas formas criativas de apresentar a seus filhos a responsabilidade, o poder e a liberdade do mundo real. Lembre-se, nossos filhos precisam experimentar o peso de sua liberdade. Deus quis que Seus filhos soubessem como cuidar de altos níveis de liberdade.

Galinheiro ou Lixão?

Falando no serviço de troca de tarefas domésticas, quero

te contar uma das minhas histórias favoritas. É uma história sobre minha filha de 14 anos quando morávamos em Weaverville. Por um motivo qualquer, Brittney não concordava com a convicção que Sheri tinha sobre lavar as louças toda noite. Brittney pensava que as louças precisavam ser lavadas só em algumas ocasiões ocasiões especiais, como o Dia de Ação de Graças. E então, periodicamente, eu ouvia Sheri falando: Brittney! "Você já lavou a louça?".

E Brittney dizia: "Já vou!".

Um pouco depois: "Brittney, você já lavou a louça?".

"O que? Eu estou no banheiro!"

Mais tarde:" Brittney, não vá para a cama antes de lavar a louça".

"Eu não ia fazer isso. Estou fazendo tarefa de casa."

Na manhã seguinte: "Brittney, você não lavou a louça".

"Ah! Eu não tive tempo!"

E dia após dia isso acontecia com a situação das louças. Um sábado pela manhã Brittney não havia lavado a louça e sua amiga Rebecca veio à nossa casa. Elas ficaram lá um pouco e depois, puf! Elas desapareceram. Eles foram para a casa da Rebecca. Sheri olhou para mim, e fogo estava literalmente começando a sair de sua cabeça.

Eu disse: "Sheri, você parece um pouco chateada".

"Ela não me respeita! Isso acontece toda hora! *Você!* Faça alguma coisa!"

Então eu corri e lavei a louça. E foi uma tarefa que durou apenas quatro minutos. Um pouco depois, Brittney e Rebecca chegaram, bem vestidas. Brittney falou: "Mãe! Pai! A mãe da Rebecca vai nos levar até a cidade. Posso ir?".

Eu disse: "Brittney, eu lavei a louça por você".

Ela disse: "Ah! Pai! Eu ia fazer isso!"

"Eu sei."

"Pai, não é justo!"

"Provavelmente não. O que você gostaria de fazer por mim, o lixo ou o galinheiro?"

Ela perguntou: "Posso ver?"

"Claro que pode, querida."

Em Weaverville não tínhamos um serviço de coleta de lixo. Nós mesmos tínhamos que levar nosso lixo para o lixão. Então eu tinha um casinha para o lixo que media 2,5m x 2,5m x 3m, e eu sabia que estava na hora de levar o lixo quando eu via o lixo pela janela da porta. Quando estava assim, ninguém conseguiria até mesmo achar a lata de lixo ali. Brittney saiu e abriu a porta da casinha do lixo. Na mesma hora, um enxame de moscas saiu e ficou voando em volta de sua cabeça.

"*Ai, que nojo! Que nojo!*"

Rebecca perguntou: "O que você está fazendo? Está com problemas? Como você sabe que está com problemas? Ninguém está gritando com você!".

Brittney foi até o galinheiro, abriu a portinha e começou a chutar as galinhas. Galinhas idiotas! Saiam do caminho! Ela então voltou para dentro de casa e disse: "Galinheiro".

Eu disse: "Obrigado. Você quer fazer isso hoje ou amanhã depois da igreja?".

"Eu posso fazer amanhã?"

"Se você quiser."

"Posso ir até a cidade hoje?"

"Se você quiser."

"*Pai!*" Ela me deu um forte abraço porque iria limpar o galinheiro para mim no dia seguinte. Foi uma coisa linda. E então elas saíram.

Agora, é aqui que muitos pais ficam indignados: "O que? Você está brincando comigo? Você deixou uma pecadora ir embora? Você não sabe que tem que haver um sacrifício de sangue para a expiação do pecado?" Aguarde mais alguns minutos e você vai ver como isso tudo é genial. Ah, e falando nisso, era a aliança velha que exigia um sacrifício de sangue.

No dia seguinte quando chegamos em casa depois da igreja estava chovendo demais. Por quê? Porque Jesus me ama! Eu disse: "Ei, Britt, lembre-se do acordo que fizemos? Eu estava pensando, você quer usar a minha capa de chuva ou esse casaco lindo?"

"A capa de chuva."

"Você quer usar minhas botas de borracha ou esses sapatos lindos?"

"Suas botas."

"Você quer usar a pá ou o forcado?"

Ela disse: "Bem, acho que vou precisar dos dois!" E ela saiu. *Três horas depois* ela voltou parecendo uma menina de rua. Ela estava arrastando as duas ferramentas de volta para casa e tinha palha pendurada nos seus cabelos.

Eu disse: "Querida, obrigado!".

Ela tirou seu cabelo ensopado do seu rosto e disse: "Tá, tá!". E foi tomar um banho.

Alguns dias depois eu ouvi Sheri dizer: "Brittney! Vá lavar as louças!"

Brittney disse: "Já vou!".

Eu falei: "Deixa que faço!"

Um segundo depois, Brittney veio *voando* do seu quarto para a cozinha e disse: "*Fique longe da minha louça!*".

Conseqüências geram posse, e posse gera responsabilidade.

Aquelas eram suas louças, e era melhor que eu ficasse com meu galinheiro fedorento. O que essa lição forçou minha filha a pensar? Bem, forçou a verdade que na casa, assim como no mundo real, todos temos responsabilidades, e o melhor para cada um de nós é contribuir para a saúde e alegria dessa nossa pequena economia. Ela também aprendeu que estas responsabilidades, assim como no mundo real, têm um prazo. Elas estabelecem limites para nós, e estamos fazendo escolhas dentro destes limites o tempo todo, sendo essas escolhas pró-ativas ou passivas. Ignorar responsabilidades é uma escolha, assim como assumi-las.

Quem Tem o Problema?

Oferecer escolhas e forçar conseqüências guia nossos filhos progressivamente em direção a tomar posse de suas vidas, suas escolhas, suas responsabilidades e seus problemas. Claramente, isso requer sabedoria e coragem para que você possa discernir com quais áreas de responsabilidade seus filhos estão preparados para lidar e então confiar neles com essas responsabilidades. Também é necessário sabedoria e coragem para guiar seus filhos através da experiência das conseqüências de suas escolhas. Há dois tipos de intervenção dos pais que devemos evitar para fazer isso com sucesso. O primeiro tipo de intervenção é atacar a situação e resolver o problema, e o segundo é apresentar uma conseqüência misturada com raiva e punição.

Atacar o problema do seu filho o previne efetivamente de tomar posse dele. Eu me lembro de um casal que veio a mim depois de um dos meus seminários de criação de filhos. A mãe disse: "Temos um grande problema em casa. Nosso filhos estão tentando matar um ao outro. Eles machucam um ao outro o tempo todo, e estou constantemente separando-os".

Eu disse: "Ah não".

Ela disse: "Pois é, eu saí do meu emprego para que pudesse estar em casa quando eles chegassem da escola".

O pai disse: "E eu não posso sair do meu trabalho".

Eu disse: "Deixe-me perguntar-lhes algo. Seus filhos estão caçando outras crianças e tentando matá-las?"

"Não."

"Ok, então vocês provavelmente têm filhos normais que brigam na segurança da presença dos pais. Vocês precisam mostrar a eles a idéia de que isso é problema deles".

Essa mãe nunca havia visto um problema de outra pessoa em toda sua vida. Ela pensava que eram todos dela. O pai perguntou: "Você quer dizer que ele devem continuar brigando até acabar?"

Eu disse: "Eu não sei".

Eles foram para casa, entraram pela porta e sentaram no sofá, com um pouco de medo. Mas eles pensaram que estavam prontos. O de oito anos saiu de seu quarto e entrou no quarto do de onze anos. Discussões, empurrões e tapas se seguiram. Ele veio até o corredor e olhou para seus pais, chorando. Ele disse: "Mamãe, eu não encostei nele. Eu estava lá quieto, e ele veio e me bateu sem motivo".

Ela disse: "Ah não".

Ele disse: "Ah não?". Seu diálogo interno dizia: "Você entende, agora é a hora que você pula do sofá, corre aqui e bate nele. Nós temos essa pequena estrutura de poder". Ele perguntou: "Você não vai fazer nada? Você só vai ficar aí sentada?".

Ela disse: "Eu não sei".

Ele perguntou: "Você não sabe? Você é burra ou algo assim? Você ficou louca?". Qualquer criança que tenha algum valor vai fazer os pais passarem por alguns desses exercícios. Ele estava procurando por botões para apertar.

Ela disse: "Provavelmente."

"Bem, isso é um saco. Você é um saco."

"Eu sei."

"Você sabe? Tudo bem. Você o ama mais do que a mim. Eu sei que ama. Sempre amou."

"Boa tentativa."

"Mamãe, boa tentativa? Qual é o problema com vocês? Eu os odeio. Eu odeio vocês dois."

E ele se virou e correu para o quarto do filho de onze anos, que imediatamente disse: "Saia do meu quarto!". Então ele saiu, olhou para seus pais, então voltou para seu quarto e começou a fazer uma bagunça, quebrando seus brinquedos. Mãe e pai ainda estavam sentados no sofá, pensando se esse garoto iria precisar de aconselhamento. Ao final, as coisas se acalmaram e os pais foram e abriram a porta do seu quarto. Ele estava deitado de lado em sua cama, vestido e dormindo. O pai balançou sua cabeça e foi para cama. A mãe o cobriu e foi para cama. Às duas da manhã ela acordou e ouviu seu filho dar um pequeno gemido. Ela foi até seu quarto e perguntou: "Querido, o que houve?".

Ele disse: "Minha garganta dói". Então ela foi e pegou um pano úmido e um comprimido. Quando ela voltou ele disse: "Mãe, eu não te odeio de verdade".

Ela disse: "Eu sei, querido. Eu te amo. Boa noite".

Logo de manhã, o garoto veio até o corredor. Sua mãe estava preparando o café da manhã e seu pai estava com ela. O pai e o garoto olharam um para o outro e o garoto abaixou sua cabeça e andou em direção ao pai, que o encontrou no corredor. Eles se abraçaram por um momento. Então o pai disse: "Você está sentindo esse cheiro de café da manhã?".

Seu filho disse: "Cheira bem".

Ele disse: "Você quer um pouco?".

Ele disse: "Sim, estou com fome".

"Você pode comer tudo que quiser assim que arrumar seu quarto. Vou ficar esperando."

"Você viu meu quarto?"

"Vi sim. Te amo."

E ele foi resolver o problema.

Qualquer criança com cérebro não vai aceitar quieto que você a devolva seu problema. Ele vai trazê-lo de volta e colocá-lo no seu colo o mais rápido possível, porque se sente totalmente sem capacidade para lidar com ele. É uma reação natural, então não faça os exercícios de estabelecer limites e então volte e assuma o problema.

Atente-se que seu filho vai fazer todo o possível no processo de transferência do problema, especialmente se você teve uma discussão no passado na qual esse problema dele era seu. Desrespeito é o primeiro passo que você deve esperar. Saque suas frases de uma linha e permaneça firme. O próximo passo será bancar a vítima. "Você não me ama", ou "Ele sempre consegue o que quer", são algumas formas de conseguir que os pais se defendam da acusação de serem pessoas injustas. E finalmente, rejeição é uma das táticas mais difíceis de lidar. "Eu te odeio!" é algo que você nunca gostaria de ouvir da boca de seu filho, mas crianças sabem que momentos desesperados exigem medidas desesperadas.

A reação negativa de seu filho com relação à responsabilidade normalmente *não* é um sinal de que são incapazes ou despreparados para assumi-la. O fato de que acabaram de fazer uma bagunça mostrando desrespeito quando são confrontados com responsabilidade é outro problema, que discutiremos melhor no próximo capítulo. O ponto aqui é que você não pode se preocupar tanto com a limpeza da bagunça que seus filhos têm que fazer ao ponto de não permiti-los fazer isso.

Quando eles o fazem, a primeira prioridade não é limpar, mas certificar-se de que alguém tem que tomar posse disso. *Todo problema precisa encontrar seu dono antes que possamos oferecer uma solução.* Se você tentar resolver o problema de outro ser humano quando ele não tem um problema, você não está sendo muito útil. Você está sendo um chato. Você é um intrometido. Você é um manipulador. É a verdade. Você pode dizer: "Não, não sou. Estou apenas tentando ser uma boa mãe. Estou apenas tentando ser um bom pai. Estou apenas te amando". Mas é porque você ainda está operando em cima de um paradigma onde amor se parece com controle.

Imagine que há um carro no estacionamento e alguém dispara seu alarme. Ele se nega a parar, e todo mundo ao redor começa a se perguntar: "O que vamos fazer?". Você precisa encontrar o dono, a pessoa que tem a coisinha no seu chaveiro. Se você quebrar a janela daquele carro e arrancar os fios, vai ter muitos problemas. "Eu estava apenas tentando resolver o problema", não era você que deveria fazê-lo. A única forma que você pode resolver o problema de alguém é através de violação. É o que acontece em nossos relacionamentos quando encontramos o dono de um problema mas estamos determinados a resolvê-lo mesmo assim.

Como você sabe que algo é problema de seu filho? Bem, uma forma de saber é simplesmente perguntar a si mesmo: "Se eu não fizer nada, o que acontecerá comigo?" Se a resposta for "Nada", então, você descobriu que não é seu. Se você não fizer nada pelo quarto bagunçado do seu filho, o que acontecerá com você? De quem a tarefa de casa do seu filho da quinta série é problema? Todos sabemos a resposta certa, mas muitos de nós temos problemas de pressão sanguínea em casa quando nossos filhos estão fazendo a tarefa de casa, porque fomos treinados a ver que o problema dos nossos filhos são nosso.

É claro, como pai você também precisará fazer a próxima pergunta, que é, o que acontecerá com meu filho se ele lidar erroneamente com o problema? É quando você precisar julgar o quão caras as conseqüências serão e dar margem para que seu filho faça uma escolha ruim, assim como Deus fez no Jardim. É quando precisamos nos certificar que o amor lança fora todo o medo, porque corretamente reconhecemos que estamos correndo um risco permitindo que nossos filhos experimentem algumas conseqüências potencialmente dolorosas. Mas não podemos falsamente protegê-los das conseqüências em nome do amor. Caso contrário, nossos filhos aprenderão que seus problemas não são deles, mas de outros.

Algumas conseqüências são absolutamente impossíveis. Quando vida e morte ou sérios danos físicos podem acontecer, abrimos mão da escolha e entramos na mesma hora. Mas, nos outros casos, embora muitas vezes difíceis de ver, são poderosas oportunidades para o aprendizado.

Um dia, quando Brittney estava na quarta série, Sheri disse: "Eu não vou mais fazer o almoço para crianças de quarta série. Eu te comprei algumas coisas e aí está sua merendeira e pronto". Brittney ficou animada, porque ela gosta de cuidar de suas coisas. Na manhã seguinte ela organizou todas suas coisas em sua merendeira e saímos para a escola. Eu a deixei lá, voltei, entrei em casa, e o que estava no balcão? A merendeira.

Sheri disse: "Ela vai ligar".

Eu disse: "Eu sei".

"E você vai atender."

O telefone tocou e Sheri estava em pé bem ali ao lado. Para mim ela disse: "Covarde!" e então pegou o telefone "Alô".

Brittney disse: "Mãe. Aqui é a Brittney".

"Eu percebi pela forma que você disse 'Mãe'. O que houve?"

"Mãe, eu esqueci o meu almoço."

Sheri disse: "Ah não. Esqueceu seu almoço".

"Mãe, está bem aí no balcão bem do lado da caixa de pães."

"Eu sei. Eu estou vendo. É roxa, não é?"

"Sim, é essa mesmo. Mãe, você pode trazer meu almoço?"

"Desculpe-me Britt, mas eu não vou à escola hoje."

"Mãe, ah não. Venha, por favor?"

Sheri perguntou: "O que você vai fazer, Britt?" Se você perguntar a outro ser humano "O que você vai fazer?", isso indica que você não pode fazer nada pelo problema.

"O que eu vou fazer? Bem, eu estava te ligando e pedindo pra você vir trazer meu almoço."

"Provavelmente. Então o que você vai fazer hoje? O que mais você pode tentar?"

"Ah..."

Sheri disse: "Eu tenho algumas idéias se você quiser saber."

Brittney perguntou: "Você não vai trazer meu almoço?"

"Desculpe-me, Britt, eu não vou à escola hoje. Eu tenho

algumas idéias se você quiser saber."

"O que?"

Sheri disse: "Algumas crianças reviram o lixo. Dê uma olhada no que restou lá quando todos terminaram. Como isso te parece?"

Brittney disse: "Essa é uma idéia idiota."

Sheri disse: É. Eu tenho outra idéia.

É melhor que a última?

"Provavelmente."

"O que?"

"Bem, algumas crianças pedem a seus amigos para compartilharem seu almoço com eles. O que você acha?"

"Eu não quero pedir pra ninguém me dar seu almoço. Eu quero o almoço que eu preparei. Tem o *Twinkies*[4] lá."

"Eu sei. Eu tenho mais uma idéia. É tudo que eu tenho." Sabe, uma das melhores coisas sobre não ter um problema é que você não precisa ter todas as idéias. Você não o está resolvendo; está apenas ajudando.

"O que?"

"Algumas pessoas vão até a moça que fica na recepção e perguntam: O que fazemos na escola se esquecemos do nosso almoço?".

Brittney disse: "Eu não quero falar com aquela moça. Eu não a conheço".

"Tudo bem. Então, Britt, eu sei que você conseguirá resolver isso. Você é uma garota muito esperta. Te amo muito. Tchau."

Ah! Isso foi difícil fazer. Morávamos a apenas algumas quadras da escola. Minha esposa poderia ter resolvido tudo com uma viagem rápida até a escola. Mas, ao invés disso, ela permitiu a Britt

4 N.T.: Um bolinho doce.

tomar posse desse problema e criou uma oportunidade para que ela o resolva. Sheri estava um pouco nervosa de ter problemas com a Britt quando ela chegasse em casa naquele dia. Após esperar alguns minutos, tentando sentir o humor da Britt, ela perguntou: "Como foi o almoço hoje, querida?".

"Almoço?", Britt resmungou, parecendo que havia se esquecido disso, "Ah, eu dividi o almoço da Olivia com ela hoje".

Uau! Essa criança é um gênio. Ela realmente encontrou uma forma de colocar comida em seu estômago quando esteva com fome.

Agora, muitos de nós não continuarão com esse tipo de tortura quando há uma criança do outro lado dizendo: "Ajuda! Ajuda!" Temos a capacidade de marchar até a escola e dizer: "Aqui está seu lanche. Aqui está sua carteirinha. Aqui está seu casaco. Aqui está sua mochila. Aqui está sua cabeça". Parece que vai ser mais fácil e mais amável consertá-lo por eles. Mas, ao final, é para seu benefício e deles comunicar a mensagem assim: "Querido, eu te amo e acredito em você, e portanto eu quero que você descubra que é capaz de resolver esse problema".

A mensagem é clara: "Eu não posso te controlar. Eu não posso controlar seu apetite. Eu não posso controlar seus hábitos de estudo. Eu não posso controlar seu respeito. Eu não posso controlar a língua na sua boca. Eu não posso controlar sua atitude. Eu não posso controlar nada seu. Eu posso estabelecer alguns limites. Eu tenho ótimas ferramentas para usar quando você errar, mas eu preciso que você aprenda rapidamente que o seu lado do relacionamento é seu. Sua vida é sua e você tem que aprender a usá-la, porque o dia vai chegar que eu não estarei por perto".

Adultos têm muitas opções em como eles resolvem os problemas da vida. Queremos oferecer a nossos filhos uma experiência do mundo real que os adultos vivem, enquanto ainda estão em nossas casas. Ensiná-los a pensar e resolver problemas resulta em permiti-los criar soluções fora daquilo que decidiríamos por eles. Pode ser difícil confiar neles com essa extensão de liberdade, mas ela os prepara para o mundo que entrarão um dia como adultos.

Triste ou Irado?

A outra coisa que devemos evitar ao apresentar conseqüências, além de prevenir que nossos filhos as experimentem ao resolver o problema, é deixar a raiva e a punição se misturarem na hora da apresentação. Raiva e punição são destrutivas por duas razões — elas distraem seus filhos do aprendizado, e elas trazem dano à sua relação com eles.

Imagine que você está dirigindo pela estrada. Você olha pelo retrovisor e vê luzes vermelhas piscando. Você espera que eles estejam atrás de outra pessoa, mas você para no acostamento e o policial para o carro atrás de você. Seu coração acelera. Ele anda até seu carro, dá umas batidinhas em sua janela e diz: "Saia do carro". Você não se move instantaneamente, então ele segura a porta pela maçaneta, coloca o braço pra dentro e te puxa pela camisa. Ele começa a te arrancar do seu cinto de segurança. Ele diz: "Saia do carro. Não consigo acreditar que pessoas como você estão dirigindo em minha estrada. Venha aqui". Ele coloca o braço pra dentro do carro, solta seu cinto de segurança, te segura, te puxa pra fora e te joga contra o carro. Agora, o que você está pensando? Está pensando em sua péssima escolha de dirigir acima do limite de velocidade? Não. Você está pensando: "Será que eu conseguiria pegar sua arma? Quem é este cara? Idiota. Qual é o seu problema? Eu nem estava tão rápido. Idiota. Eu vou te processar".

Quando alguém fica com raiva por causa to seu erro, sua raiva muda seu foco de lidar com a má escolha feita para o problema que você está tendo com aquela pessoa — para a sua necessidade de defender-se. Ela ataca, enfraquece e destrói a relação entre duas pessoas. A raiva é sua inimiga, até mesmo a raiva passivo-agressiva — a forma cristã de raiva. A raiva passivo-agressiva é expressa com sarcasmo, criticas, rejeição ou retenção de amor. Quando você escolhe uma resposta passivo-agressiva para o erro do seu filho, quando você escolhe reter o amor porque seu desempenho falhou, ainda é raiva. Ainda é punição, e está atacando sua relação. Então, a menos que você queira que seus filhos desconectem-se de você e gastem seu tempo tentando descobrir como protegerem a si mesmos de você, você deve trabalhar duro para eliminar a raiva de suas interações com eles.

Em vez disso, você deve ser capaz de mostrar tristeza quando seu filho comete um erro. O que aconteceria, por exemplo, se o policial lidasse com a mesma situação de uma forma diferente e sem o uso de raiva? Vamos dizer que ele caminha até você e espera até que você abra sua janela. Ele pergunta: "Posso ver sua carteira de motorista, documento do veículo e do seguro, por favor?".

Você diz: "Claro — aqui está minha carteira e os documentos do veículo. Onde foi que eu coloquei o documento do seguro mesmo? Ah, aqui está".

"Você sabe qual é o limite aqui? É 110. Você estava a 138. Se você quiser vir e olhar, eu ainda tenho a marcação no meu radar."

"Não, está tudo bem. Eu apenas não estava prestando atenção. Eu estava apenas falando no meu celular. Me perdoe."

"Eu volto logo. Um momento." Ele volta para o carro e verifica se você não fugiu de nenhuma prisão no Texas ou algo assim, e então volta com seu caderninho. Com a melhor caligrafia que você poderia imaginar, ele te diz que isso não é uma confissão ou admissão de culpa. É apenas uma promessa de ir para o julgamento, e te marcou com a velocidade de 130 em uma zona de 110, porque ele é um cara generoso. Você assina. Ele destaca uma parte e te entrega. Você diz: "Obrigado". Ele então sugere algumas opções. Você pode pagar a multa assim que a receber, ou pode ir ao juiz e recorrer da multa nesse dia, ou pode participar de algumas aulas de direção para que não faça muita diferença ao seu seguro. Ele pergunta se você entendeu e você diz que sim. Então ele diz: "Vá mais devagar. Dirija com cuidado". E você diz "Obrigado" de novo. Ele sai e vai até seu carro. Você liga o pisca-pisca, volta à estrada e segue com a viagem.

E enquanto você dirige pela estrada há algo mole flutuando sobre sua cabeça, chamado "conseqüências". Você está pensando: "Oh meu Deus. Eu recebi uma multa. Não dá pra acreditar que recebi uma multa. Isso vai custar um milhão de reais. Quando foi a última vez que recebi uma multa? Não consigo me lembrar. Meu seguro. Sheri vai me matar. Era o dinheiro das nossas férias". Está tudo vindo à sua mente. E você está dirigindo abaixo do limite.

Lembre-se, conseqüências são as melhores professoras. E tristeza e empatia ajudam a manter o foco no problema real, a má escolha, enquanto é enviada uma mensagem que você se preocupa com a pessoa que a fez. Mas a raiva viola e sabota os objetivos que você mais deseja para seus filhos quando eles falham — não somente que eles aprendam com seus erros, mas também que eles possam aproximar-se de seu relacionamento com seus pais como uma fonte de sabedoria e conforto à medida que passam pelo processo de aprendizado.

Tristeza e empatia são o que o Espírito Santo nos mostra quando falhamos. Ele não nos pune. Ele nos conforta. Ele mostra que está triste por nós, e nos convida a vir, por livre escolha, para nos beneficiarmos de Sua grande sabedoria e poder para resolver problemas. (Veja, por exemplo, João 14:26; João 16:13; Gl. 4.6.) Sua resposta para nossas falhas realmente nos ajuda a confiar Nele ainda mais. E quando respondemos a nossos filhos como Ele nos responde, eles confiarão em nós ainda mais porque aprendem que podem falhar em nossa presença.

Jesus nos dá um exemplo maravilhoso da criação de um lugar seguro para aqueles que falham (João 8:1-11). Quando uma mulher foi pega em flagrante cometendo adultério (eu sempre fico pensando o que fizeram com o homem), os fariseus a trouxeram para Jesus. Eles sabiam que a Lei exigia que ela fosse morta pelos seus pecados. Isso era uma tática para mostrar às pessoas que Jesus estava preso pela mesma mentalidade dos "caminhões amarelo e vermelho" que eles estavam. Os fariseus pensaram que haviam prendido Jesus às suas próprias regras para pecadores. Mas, em um rápido movimento, Jesus desarmou sua tentativa e demonstrou um poder muito maior do que a punição: o amor.

O Espírito Santo nem se afasta de nós nem ameaça nos punir quando falhamos. Reter nosso amor é algo que talvez muitos de nós fossemos mais tentados a fazer com nossos filhos do que explodir, e eu acho que pais tem uma dificuldade ainda maior em relação a isso do que mães. Em certo ponto quando Brittney estava na sexta série, ela estava tendo algumas notas ruins. Quando finalmente vimos seu boletim, eu disse: "Uau! Ei, onde você estava escondendo isto?" Ela disse: "Eu estava com medo de que, se você soubesse não me amaria mais, pai". Isso foi uma revelação pra mim. Lembre-se, eu bati na Britt por cada erro que ela cometeu até seus oito anos de idade. Minha frustração e raiva com relação à suas falhas ao obedecer deixaram uma impressão em sua mente até agora, quatro anos depois. Ela esperava que eu desse ou retivesse o amor baseado no seu comportamento. Eu agora estava tentando fazer um bom trabalho enviando-a a sensação de que ela era amada incondicionalmente, mas eu reconheci que algumas vezes ainda havia essa dor aguda de desapontamento quando meus filhos falhavam, e eu não arrumava minha bagunça. Eu apenas evitava, ou eles veriam que eu estava com raiva. Então eu comecei a tentar com um pouco mais de vontade.

> "*Deus é o nosso refúgio e fortaleza, socorro bem presente nas tribulações. Portanto, não temeremos ainda que a terra se transtorne e os montes se abalem no seio dos mares.*"
> *(Sl. 46:1-2)*

É vital, quando apresentamos nossos filhos às conseqüências de seus erros que os mostremos que estamos tristes por eles e vamos continuar presentes com eles enquanto eles trabalham para descobrir a solução para seus problemas.

Esta é a chave para proteger o coração da questão em tudo isso — a *conexão*. Os limites que estabelecemos com nossos filhos os mostrarão como o mundo real é, mas é nossa conexão de coração com eles e o nosso amor, que os motivará a abraçar a jornada de responsabilidade e crescimento que está à sua frente. Construir e proteger as conexões do coração é do que falaremos no próximo capítulo.

Pontos Para Reflexão

1. Você dá a seus filhos escolhas reais, ou você os faz escolher entre o que você quer que façam e a punição?

2. Você têm dificuldades em permitir que seus filhos experimentem as conseqüências de suas escolhas? Por que é mais amável confortar seus filhos enquanto experimentam conseqüências dolorosas, do que afastá-los de experimentá-las?

3. Quais são alguns problemas dos seus filhos, se houve algum, que você assumiu como seus próprios?

4. Por que é desrespeitoso resolver o problema de outra pessoa para ele ou ela?

5. Você tem certa dificuldade de vencer sua raiva ou desapontamento quando seus filhos falham? Quais são algumas das coisas que você pode fazer para se habilitar a aproximar-se dele ou dela com empatia e tristeza enquanto ele ou ela juntam os pedacinhos?

Capítulo 5

Protegendo e Construindo Relações do Coração

"Para a liberdade foi que Cristo nos libertou... Porque vós, irmãos, fostes chamados à liberdade: porém não useis da liberdade para dar ocasião à carne; sede, antes, servos uns dos outros, pelo amor."
(Gl. 5:1,13).

Ao longo deste livro eu tenho tentado te mostrar a natureza e a importância da liberdade. Como eu disse no primeiro capítulo, todos fomos criados para sermos livres e Deus pagou o mais alto preço que Ele poderia pagar para restaurar essa liberdade a nós depois que foi perdida. Mas, uma vez mais, liberdade só é importante porque é um requisito essencial para o propósito maior para o qual fomos criados: amor. Porque o amor é todo o propósito para a liberdade, a liberdade é destruída quando a usamos para qualquer outra coisa. É como plugar uma torradeira em uma tomada com uma voltagem completamente diferente daquela que ela foi criada para funcionar. A menos que usemos nossa liberdade para amar a Deus e uns aos outros, simplesmente não seremos capazes de andar em liberdade e cultivar um ambiente de liberdade à nossa volta. E não seremos capazes de amar uns aos outros bem e cultivar relacionamentos saudáveis se não estamos trabalhando para proteger e honrar a responsabilidade de cada pessoa pelo autocontrole, que é o coração da liberdade.

No mesmo verão que Levi foi para escola pública, ele entrou no time de futebol americano. Foi em setembro, e começamos a ir aos jogos vê-lo jogar. Os alunos do primeiro ano jogavam nas noites de quinta-feira e os do segundo e do terceiro ano nas noites de sexta-feira. Mais ou menos no terceiro fim de semana do período, ele chegou em casa do treino e disse: "O treinador quer que vamos ao jogo do terceiro ano esta semana, para ver como eles fazem as jogadas. Posso ir ao jogo de futebol na sexta-feira à noite?".

Eu olhei para a Sheri e podia ver os mesmos sentimentos que eu estava tendo. Nós nos lembramos do que fazíamos nos jogos de futebol. E não tinha nada a ver com o jogo de futebol. Então eu o disse: "Filho, estou com medo, mas você pode ir".

"Eu posso ir! Ótimo!", ele saiu rapidamente da sala.

O jogo era um jogo no campo adversário, então eu dirigi até a cidade vizinha para buscá-lo. E lá estava ele, bem onde havia dito que estaria. Enquanto ele colocava suas coisas na caminhonete eu estava querendo não cheirar nada que faria daquela noite uma noite bem longa. Ele estava limpo. Chegamos em casa, entramos na garagem e estacionamos o carro. Quando saímos e entramos na casa, ele se aproximou e tocou no meu braço e disse: "Pai, obrigado por confiar em mim".

Eu disse: "De nada, meu filho. Obrigado por nos proteger".

Ele disse: "De nada, pai".

Esse jovem sabe que ele tem metade da responsabilidade

pelo relacionamento. Ele sabe que ninguém cuida da sua metade a não ser ele. Ele foi treinado para acreditar nisso e sua vida mostra que ele está assumindo a responsabilidade pela sua metade de "nós".

Se vamos treinar nossos filhos a lidar com liberdade como a prioridade nos relacionamentos, então precisamos fazer nosso melhor para ajudá-los a manter uma forte conexão entre essas duas mensagens: "Eu te amo muito" e "o que você vai fazer?". Quando ligamos escolhas, perguntas e limites com a mensagem de amor, nossos filhos aprendem que esses são aspectos essenciais para aprender a cuidar de seu lado de um relacionamento pelo qual damos um alto valor. Eles aprendem que cuidar de sua liberdade é o que cultiva e protege uma conexão respeitosa e amável entre nós. Nosso desejo como pais deveria ser que o valor deles por essa conexão se torne a coisa que os direciona nas escolhas que fazem. Nós especialmente desejamos isso para eles porque no final das contas, a forma que Deus escolheu para que eles sejam governados é pelo seu valor pela sua conexão com Ele.

Como eu mencionei, nossos filhos aprendem a se relacionar conosco no modo a oferecer e tomar decisões desde o momento que são jovens. Um dos nossos vídeos caseiros de família é útil para provar este ponto. Quando nossos filhos eram bem pequenos, Sheri começou a tradição de fazer um vídeo de Natal onde nossos filhos diriam: "Oi pai, nós te amamos! Feliz Natal!". E um dos primeiros anos que ela fez isso, Taylor tinha dois anos e Levi tinha quatro, Sheri filmou os garotos tendo uma pequena conversa que se tornou uma briga. Taylor ia bater em Levi com um vídeo-game que tinha em sua mão. Então Sheri perguntou: "Taylor, nós batemos em pessoas com brinquedos ou não batemos em pessoas com brinquedos?".

Taylor tem uma profunda necessidade de estar certo o tempo todo. Ele vai ser uma daquelas pessoas que te corrigirá com coisas na vida como: "Na verdade, foi o *Cubs*[5] de 1963, não o de 64". Ele tem a convicção de que, se vamos fazer alguma coisa, temos que fazer corretamente, e ela sempre existiu. É algo que muitos pais interpretariam como desrespeito, mas, na verdade, é apenas o Taylor tentando ser ele mesmo. Quando oferecemos escolhas e compartilhamos o controle, as pessoas podem ser elas mesmas, porque nossas interações são respeitosas. E este vídeo captura Taylor ajudando Sheri a fazer escolhas. Quando ela perguntou: "Batemos em pessoas com brinquedos ou não batemos em pessoas com brinquedos?". Taylor a corrigiu. Ele disse:" Não, não, você diz: 'Batemos em pessoas com *vídeo-games* ou não batemos em pessoas com *vídeo-games*?'". É engraçado assistir até hoje, porque também é um ótimo lembrete de que crianças entendem a cultura de escolha, liberdade e poder. Elas aprendem isso e começam a fazê-lo.

Seis ou oito meses depois que esse incidente foi filmado, nossa família foi fazer compras no Mervyns. Naquela época, eu era um terapeuta social encarregado de crianças adotivas, e usava uma gravata todos os dias para trabalhar. Então, para um aniversário ou outra ocasião especial, eu ia e comprava uma gravata e uma camisa nova. Nessa ocasião em especial, Taylor encontrou uma prateleira de gravatas com todos os tipos de personagens do Looney Tunes. Ele veio até mim com duas gravatas e disse: "Pai, qual você quer, esta ou esta?" Eu disse: "Hmmm". Ele disse: "Você decide ou eu decido." Eu disse: "Hmm, esta aqui". Ele guardou a outra e eu comprei naquele dia uma gravata do Looney Tunes, confirmando a prática de criar uma poderosa criança de dois anos, honrando sua

5 N.T.: Chicago Cubs, time de baseball americano.

influência em nosso relacionamento.

Um dia eu levei Brittney à escola. Eu tinha um carro do trabalho e eu, normalmente, o dirijo sozinho, então o assento do passageiro da frente era minha mesa. Eu tinha um monte de coisas ali. Brittney abriu a porta, olhou para todas aquelas coisas, e perguntou: "Pai, você quer que eu sente em cima das suas coisas, ou você quer tirá-las daí?".

"Vou tirá-las."

Dar espaço para que as pessoas escolham é o que constrói uma cultura de honra. Quando você conhece a íntima necessidade humana em seus filhos de ter algum controle, você comunica a eles que suas necessidades têm importância, que elas são valiosas. E quando você comunica valor a seus filhos, eles desenvolvem um conceito saudável sobre si mesmo. Mas quando você estabelece uma forma de relacionar-se com seus filhos na qual eles não têm escolha, eles aprendem que as únicas necessidades que importam são as suas. Isso os leva a desenvolver um conceito sobre si mesmo onde eles lutam para conseguir que suas necessidades sejam supridas ou crêem que suas necessidades não importam. Então eles têm que trabalhar seu caminho para uma perspectiva saudável onde eles finalmente entendem, ao contrário de tudo que você os ensinou, que suas necessidades importam e as suas também.

Vimos nossos filhos irem ao mundo com um conceito saudável sobre si mesmo e demonstrarem suas habilidades para afirmar a si mesmo respeitosamente. Eles também demonstraram suas habilidades de estabelecer limites com pessoas, sejam seus amigos ou adultos, quando eles encontram desrespeito. Muito do desrespeito com o qual eles tiveram que lidar aconteceu na verdade vindo de figuras de autoridade que confundiram afirmação com desrespeito. Afinal, a crença popular uma ou duas gerações atrás era que afirmar a si mesmo quando criança era desrespeitoso. Se essa era a posição em sua casa quando você crescia e você está tentando dar escolhas a seus filhos, você precisa estar preparado para que eles te respondam de uma forma que pode parecer desrespeitosa. Eles começarão a pegar gravatas do Looney Tunes para você e te dizer para tirar suas coisas do assento. Eles afirmarão suas vontades, porque têm uma. Se nosso trabalho é dar espaço para isso, para que eles possam saber como é ser respeitado e que é certo para eles serem respeitados. Obviamente, é importante que eles aprendam a afirmar suas escolhas de uma forma respeitosa, mas suas afirmações precisam ser permitidas.

Pense De Novo

Aprender a distinguir afirmação de desrespeito é uma das partes importantes no cultivo de um ambiente saudável de honra. Se você planta respeito em seus encontros com seus filhos dando-lhes espaço para afirmarem a si mesmos, você colherá respeito. Mas haverão, sem dúvida, situações onde seu filho será desrespeitoso, e você o precisa guiar no conserto dessa situação.

Até agora, muitas das situações que já vimos envolveram desrespeito, e algumas não. Brittney esquecendo seu almoço não foi desrespeitoso. O exemplo do e-mail da garotinha fazendo pirraça para evitar suas tarefas foi. Mas naquele caso, sua mãe reconheceu que sua filha estava usando o desrespeito para distraí-la da escolha que ela havia colocado diante dela. Nesses casos, como você tem visto, você tem que manter-se fiel à suas palavras e não fazer o problema do seu filho se tornar seu problema.

Como pais, usamos diferentes chapéus. Quando você está usando o chapéu do governo, você os está mostrando e afirmando conseqüências práticas para as escolhas de seus filhos e algumas vezes você precisa suspender a questão das conseqüências *relacionais*. Mas se seu filho mostra desrespeito, é seu trabalho introduzir conseqüências relacionais no primeiro momento apropriado, e a primeira tarefa em ambos os casos é a mesma. Você precisa levar seu filho a tomar posse de seus problemas.

Uma das melhores formas de fazer isso é instituir algo chamado a *cadeira do pense de novo*. E lembre-se, uma das melhores formas de fazer outro ser humano pensar de novo é fazendo-lhe perguntas e não terminando frases. Então, quando seu filho está sentado na cadeira do pense de novo, seu trabalho é evitar a forma de ensino da professora do Charlie Brown — "Waa waa waa waa waa" — e criar oportunidades para que seu filho possa pensar de novo, fazendo perguntas de múltipla escolha.

Vamos imaginar uma situação na qual seu filho desrespeita outra pessoa. Vamos dizer que Joãozinho é seu filho, e ele acabou de bater no filho do vizinho. Ele está sentado na cadeira do pense de novo à sua frente. "Você começa perguntando: Joãozinho, qual é o problema?".

Ele diz: "Ah... eu não sei. Ele encostou em mim. Ele me bateu". Em outras palavras, Joãozinho está tentando mostrar que o problema está lá fora. É algo que ele não pode fazer nada para resolver. Ele é uma vítima. Ele é impotente. Outras pessoas bagunçaram sua vida.

Uau olha só. Então você mostrou sua língua e bateu nele com aquele pedaço de pau por causa do que ele falou?

"Sim."

"Poxa. Então qual é o problema aqui — que ele disse alguma coisa, ou que você fez alguma coisa?"

"Os dois."

"Bem, e o que você pode fazer pelo que ele te diz?"

"Eu posso bater nele!"

"Ah. E isso está dando certo pra você?"

"Eu não sei."

"Bater no Billy é desrespeitoso ou respeitoso?"

"Desrespeitoso. Mas ele fez primeiro!"

"Então só porque ele foi desrespeitoso significa que você tem que ser desrespeitoso? Ele te fez ser desrespeitoso, ou você escolheu ser desrespeitoso?"

"Eu acho que... eu escolhi."

"Está tudo bem, ou isso é um problema?"

Lembre-se, seu objetivo em tudo isso não é descobrir o quanto de culpa colocar em cada lado do problema. Você está tentando ajudar seu filho a aprender que ninguém pode controlá-lo a não ser ele. Você tentando ajudá-lo a descobrir que ele é uma pessoa poderosa, mas que, inevitavelmente, ele vai abrir mão desse poder para forças externas a menos que aprenda a assumir a responsabilidade por suas escolhas. Suas perguntas são planejadas para ajudá-lo com esta revelação, e para confrontá-lo com a escolha: "Você vai deixar outras pessoas ou circunstâncias ou algo de fora controlá-lo, ou vai controlar a si mesmo?".

Espera-se que, à medida que ele aprenda a pensar de novo, para entender quem fez o que ou disse o que, ele comece a entender: "Ai meu Deus, está bem aqui. Sou eu. Foi minha escolha bater no Billy com aquele pedaço de pau. O problema é que eu bati em alguém, e isso foi desrespeitoso". Quando ele começar a identificar a si mesmo como o dono do problema, então você pode perguntar: "O que você vai fazer?".

Aqui está parte de uma carta que recebi de uma mãe que havia acabado de entender que o problema em seu relacionamento com sua filha não era de sua filha, mas dela:

> Você ensinou em um CD sobre o doutor que descobriu que tinha um problema. Bem, nós temos uma filha adulta que mora conosco. Ela tem se envolvido com drogas há nove anos. Ela está sóbria há 19 meses agora. O problema com tudo isso é que ela mora conosco com seus dois filhos, e nos fins de semana todos seus três filhos ficam conosco. Isso não tem problema, mas eu e ela somos totalmente opostas uma da outra. Portanto, nem sempre convivemos bem. Por causa dos anos de uso de drogas, eu havia me tornado muito raivosa e havia começado a responder sempre com raiva. Depois de te ouvir, eu entendi que, sem querer, havia criado um círculo de morte à nossa volta. O oposto do que eu queria. Eu chorei quando entendi o que havia feito. Ao longo das semanas seguintes foi até engraçado. Quando eu começava a reagir eu dizia a mim mesma: "Você que é o problema!". Eu pensei que teria que colocar fita adesiva na minha boca para mantê-la fechada. O Senhor começou a me mostrar como eu havia começado a responder a ela com raiva todo o tempo, e era a raiva que era o problema, não os limites que eu queria estabelecer. Então, de pouco em pouco, enquanto eu conseguia me controlar, eu calmamente estabeleci os limites sem raiva. Algo engraçado aconteceu; ela começou a me agradar. (Eu quase caí morta com isso). A vida começou a florescer. Meu esposo estava fora à semana toda e não houve

nenhuma palavra ríspida entre nós. A melhor parte aconteceu na terça-feira. Eu tive que levá-la ao seu trabalho, e passamos perto da casa de um antigo namorado dela. Eu perguntei: "Seu coração está batendo mais forte?". Ela disse: "Agora não. Eu já superei isso". Ela suspirou e eu disse: "Eu acho que não se pode fazer nada por quem você ama". Ela disse: "Mãe, esse foi o maior erro da minha vida, e foi seguido de muitas péssimas escolhas". Eu comecei a chorar. Ela segurou minha mão e disse: "Está tudo bem?" Eu disse: "Sim, eu só queria ter lhe dado muito mais do que você teve". Ela disse: "Eu sei, mas foram minhas escolhas ruins". Chegamos onde estávamos indo e eu disse a ela: "Eu te amo de verdade, não importa o que aconteça". Ela disse: "Mãe, eu te amo também". As coisas têm sido diferentes entre nós desde que a raiva se foi.

Em suas lições você falou sobre como justificamos nossas posições. Poxa, como eu realmente fiz isso. "Sou eu!" foi muito bom pra mim. Espero que possa realmente conseguir isso. Eu ouvi outro CD de novo esta manhã no caminho para o trabalho. Agora já são 14 vezes... Creio que vou aprender logo.

Obrigada por compartilhar essas ferramentas para que usemos. Elas realmente ajudam a todos aqueles que querem produzir algo diferente. Essa é uma forma de olhar para suas circunstâncias e dizer, quer saber, este problema pode ser meu. À medida que Deus nos muda começamos a ver o mundo à nossa volta mudar para o que queríamos no início.

Centenas de relatórios como esse já chegaram ao longo dos anos.

Disciplina ou Punição?

É animador quando seu filho (ou você, o pai) chega ao ponto onde ele ou ela identifica e toma posse do problema, porque quando o problema tem um dono, pode ser consertado. É neste ponto onde a verdadeira disciplina começa. A diferença entre punição e disciplina é poderosa para a criança. A criança se envolve em fazer decisões sobre como arrumar sua bagunça. Punição é quando o adulto toma todas as decisões na situação. "Isto é o que vai acontecer jovenzinho. Você vai ficar de castigo por duas semanas e então você vai cortar a grama toda semana, vai pedir perdão para aquelas pessoas e tirar a tinta da parede...". A natureza da punição é controle, e o espírito por trás disso é o medo. Mas o perfeito amor lança fora todo o medo, medo tem a ver com punição, e não lhe foi dado um espírito de medo, mas de poder, amor, e autocontrole (I João 4:18; II Timóteo. 1:7).

Agora eu gostaria de falar sobre a prática de dar palmadas. Muitos pais se confundem separando medo e palmadas. Eu te contarei uma história de uma época em que Levi recebeu umas palmadas e, como alvo, foi-lhe outorgado poder durante toda a situação.

Uma noite, em janeiro, eu e Sheri havíamos saído com amigos. Brittney estava cuidando de seus filhos e também dos nossos. Ao voltar para casa, descobrimos uma irmã mais velha totalmente frustrada, que tinha várias reclamações sobre o comportamento de seu irmão mais novo naquela noite. Quando eu perguntei o que havia acontecido, descobri que, no momento que Brittney anunciou que era hora de ir para a cama, aproximadamente ás 11 horas da noite, Levi, que tinha cerca de oito anos naquela época, rapidamente correu para fora da casa naquele clima gélido e ficou lá fora por mais de meia hora enquanto sua irmã o tentava trazer de volta pra casa usando um "caminhão amarelo".

Quando chegamos em casa, pedi a Levi que viesse para a sala comigo. Eu mencionei que ouvi de sua irmã que eles haviam tido uma noite difícil juntos. Eu então comecei a olhar em seus olhos e guiá-lo no caminho da disciplina.

"Filho," eu comecei, "há um espírito que está atrás de você que se chama 'Rebelião'. Ele diz assim: 'Não faça o que as autoridades em sua vida o dizem pra fazer'. Você já ouviu esta voz antes?".

"Sim", ele disse.

"Ah, imaginei que sim. Filho é seu trabalho expulsar essa voz. Pra você é muito importante que você não deixe esse espírito te dominar. Hoje à noite... eu vou te ajudar". Eu o trouxe à minha frente e o coloquei sobre meu colo. Seu olhar dizia que ele não fazia idéia do que estava acontecendo. *Vap!* Uma mão rápida e firme pousou em suas nádegas.

"Ai!"

Eu perguntei calmamente, a uns 10 centímetros do seu ouvido: "Ele se foi?".

Com os lábios cerrados, e esfregando a parte que estava quente de suas nádegas, ele respondeu: "*Sim!*".

"Tudo bem, meu filho. Se precisar da minha ajuda de novo, me avise. Eu te amo."

Qual é a diferença entre esta e quase todas as situações envolvendo palmadas? Aqui temos uma criança que foi fortalecida. Em todos os passos do processo, Levi teve um papel poderoso. Ele estava pensando, aprendendo, e decidindo através de cada questão que eu perguntei. Ele saiu dessa disciplina um jovem educado. Muitas das situações de palmadas acabam em punição. O que quero dizer com isso é que a criança não teve escolha a não ser aguentar durante todo o processo de força dos pais. Muitas vezes, um pai ofendido está dando uma sentença: "Você mentiu, você recebe umas palmadas. Você fez o que eu disse para não fazer, você apanha. Você bateu na sua irmã, você apanha", e assim por diante.

Provavelmente a diferença chave entre disciplina e punição é a raiva. Disciplina tem muito a ver com a presença de um *discípulo.* Isso significa essencialmente um "aprendiz". Agora, eu sei que muitos de nós ouvimos: "Eu vou te ensinar uma lição. Agora abaixe suas calças. Isso vai doer mais em mim do que em você". Esse não é o aprendizado do qual estamos falando.

Deixe-me voltar ao que falei sobre aprendizes. Disciplina produz uma certa virtude naquele sendo ensinado. É importante ver que a disciplina tem resultados diferentes, dependendo de quem está guiando o "discípulo" pelo treinamento. Disciplina traz à tona o melhor que há no interior do mestre. Por exemplo, se o mestre tem uma unção forte em oração e intercessão, então o aluno aprenderá a clamar por avivamento, declarar coisas aos céus, jejuar por semanas seguidas, e acreditar na justiça em nossa geração. Todas essas virtudes fluem do mestre para o discípulo. Mas se o mestre tem uma forte unção de liderança, então o aluno aprenderá a desenvolver um paradigma interno de liderança, estar pronto para "abrir mão para continuar" e cultivar um forte "círculo interno" de líderes influentes em sua vida. Mais uma vez, essas *disciplinas* diferentes fluem da vida do mestre para a vida do aluno. *Portanto, disciplina é apenas sobre eu alcançando sua vida e trazendo o melhor em você à tona.*

Punição tem um objetivo completamente diferente. Na punição, o alvo é introduzir uma falsa crença. A crença de que o pecado tem que ser punido. Sempre que alguém quebrar as regras, é obrigatória a introdução da dor e do sofrimento. As pessoas têm medo de outras pessoas que quebram regras. Este medo é mais freqüentemente manifesto com raiva. Lembre-se que raiva é um falso senso de poder — poder para controlar a outros.

Este modelo também tem um aprendiz, mas este aprendiz precisa entender a penitência. Precisa haver uma demonstração de sofrimento pelo pecado. Dizer que "sente muito", é uma resposta comum aos erros de nossos filhos. Nós, como pais, muitas vezes pensamos que dizer que "sentimos muito" significa sofrimento. Não significa, mas mesmo assim fica sendo uma performance necessária. Essa demonstração de sofrimento, uma vez feita, abre a porta para aquele que pune entrar, porque a dor e o sofrimento que foram infligidos sobre mim faz mais sentido do que se eu sentir muito pelo pecado.

Punição, obviamente, tem um causador. Como falei antes, este relacionamento apresenta um modelo onde uma pessoa tem todo o poder e controle e a outra pessoa não tem nenhum. Àquele que pune, lhe é permitido fazer qualquer coisa que ele ou ela queira enquanto pune a outra pessoa. Leis têm que ser criadas para reinar sobre a liberdade daquele que pune sobre a pessoa sendo punida. Eu sei que tudo isto parece loucura, mas pense no objetivo da tortura. É ganhar uma confissão. E uma confissão, em troca, permite àquele que pune fazer seu trabalho com um sentimento de justiça e honradez. Essa abordagem externa à correção requer que ambos os lados creiam que as pessoas podem controlar umas às outras.

Disciplina funciona de dentro para fora e punição tenta fazer o trabalho de fora para dentro. O pai que chega para disciplinar irá manifestar essas crenças e práticas fundamentais. O pai que está trazendo aprendizado a um aluno não tentará controlar a criança, mas habilmente convidará a criança a tomar posse e resolver seu próprio problema.

O Poder das Perguntas

Fazer uma boa pergunta é uma ferramenta muito mais poderosa para guiar crianças a encontrar uma solução do que dizê-los o que você pensa. É por isso que você faz perguntas — para envolver suas participações na solução. Então a solução será maravilhosa porque é algo que a *criança criou*: sua resposta para a questão. É precisamente este envolvimento na criação da solução que ensina seus filhos as importantes verdades que você quer que aprendam.

Eu me lembro de um tempo quando o Levi havia machucado seu irmão, Taylor, de novo. Eles ainda eram jovens, com cerca de nove e onze anos de idade. Eu ouvi sua briga e chamei meu filho para dentro, porque estava brincando no quintal. Eu o confrontei com uma série de perguntas na esperança de o guiar a uma solução.

"Filho, como você está?"

"Bem."

"Ótimo. Ei, eu estava pensando, por que você bateu no seu irmão?"

"Eu não sei."

"Ah, então que tal você sentar aqui até que você saiba. Eu vou ficar bem ai, caso você precise de alguma ajuda. Me avise, certo?"

"Ele está sempre me chateando!", revelou ele rapidamente. Você vê, ele já havia estado naquela cadeira antes. Ele sabia que era o responsável pelo tempo que estaria sentado lá. Ele queria acabar com isso o mais rápido possível.

"Ah, não. Ele está te chateando? Como ele está te chateando?"

"Ele não quer me deixar brincar com ele e seus amigos", ele começou a chorar.

"Ah, não. Parece que isso está machucando seu coração."

"Eu odeio isso, e o odeio!"

"Ah, você está odiando seu irmão. Como isso está funcionando pra você?"

"Bem, ele não liga. Ele não me ama!", ele estava chorando bastante nesse ponto.

"Amiguinho, isso é um grande machucado no seu coração, não é?"

"Sim."

"E o que você vai fazer?"

"Dizer que sinto muito?"

"Ah, dizer que sente muito. E você acha que o Taylor vai acreditar se você disser que sente muito a ele?"

"Ah, eu acho que sim."

"Tudo bem, então vamos tentar". Eu chamei Taylor para dentro e o informei que seu irmão tinha alguma coisa que gostaria de dizer. Taylor ficou em guarda, com seus braços cruzados, à frente do Levi.

Levi olhou para Taylor com seu rosto manchado por lágrimas e disse: "Sinto muito".

Eu então virei para Taylor e perguntei: "Você acredita nele quando ele diz que sente muito?".

Taylor disse: "Não! Eu acho que ele está só tentando não ter mais problemas".

"Ahhh", eu disse. "Tay, obrigado por vir. Falo com você

depois", ele saiu correndo para brincar.

Eu então virei para Levi e disse: "Poxa, parece que isso não funcionou. O que você vai fazer agora?".

"Eu não sei!", ele estava quase perturbado. "O que eu posso fazer se ele não acredita em mim quando eu digo que sinto muito?".

"Ótima pergunta, filho. Por que o Taylor não acredita em você quando você diz que sente muito?"

"Eu não sei."

"Você precisa de um tempo pra pensar?"

"Não, mas eu não sei o que fazer."

"Você se importa se eu te fizer mais algumas perguntas?"

"Não."

"Certo. Você me disse que Taylor havia feito algumas coisas que machucaram seu coração, como não te deixar entrar na brincadeira com ele e seus amigos. Certo?"

"Sim."

"Você já perdoou seu irmão por haver te machucado?"

"Não."

"Você acha que talvez seja por isso que você o continua machucando, porque embora isso tenha acontecido há algum tempo, parece que isso ainda está te machucando?"

"Isso."

"O que você vai fazer, filho?"

"Perdoar ao Taylor."

"Ah, como você acha que isso vai funcionar?"

"Melhor."

"Ótimo. Isso é algo que você quer fazer sozinho, ou precisa da minha ajuda?"

"Sua ajuda."

"Certo, bem o que você acha que Jesus está pensando, sabendo que você está machucando seu irmão, triste ou feliz?"

"Triste."

"Você quer consertar isso com Jesus, também?"

"Sim."

"Certo, diga depois de mim" e eu o guiei em uma oração de arrependimento e perdão. Eu então o perguntei: "Como se sente agora?"

"Bem melhor."

"O que você vai fazer agora?"

"Eu acho que quero dizer ao Taylor mais uma vez que sinto muito. Eu acho que agora ele vai acreditar, porque agora sinto muito de verdade."

"Ótimo! Eu vou chamá-lo."

E, conforme esperado, Levi estava certo. Taylor acreditou nele desta vez porque ele estava pronto pra consertar essa bagunça com seu irmão. O poder de boas perguntas está no caminho que elas criam para que seu filho possa encontrar a solução e usá-la.

Lembre-se, você quer que seus filhos aprendam três coisas primárias sobre seus erros. Primeiro, você quer que aprendam que as escolhas externas resultam em feridas internas. A ferida pode estar ligada ao fato de que elas o machucam, a algo que perderam, ou algo que experimentaram. Mas está acontecendo por *dentro*, e essa dor é o que os motivará a mudar seu comportamento no futuro. Segundo, você quer que eles aprendam que são capazes de criar soluções para seus próprios problemas. E terceiro, você quer que eles aprendam que seus pais são um recurso de sabedoria e ajuda que estão sempre disponíveis a eles enquanto estão criando essas soluções.

Com estes alvos em mente, seu trabalho é enviá-los três

das mensagens importantes que já falamos ao longo deste livro. Primeiro, você quer que seu filho saiba que você está triste por ele porque ele tem um problema. Lembre-se, você não pode forçar seu filho a sentir-se triste por haver cometido um erro. O que você pode mostrá-lo é que *você está triste*, porque você o ama e sabe que as conseqüências de suas más escolhas provavelmente serão dolorosas. "Que chato". Segundo, você quer que seu filho saiba que você acredita em sua habilidade para descobrir o que fazer e então fazê-lo. "Amiguinho, você é muito esperto, e eu sei que você quer fazer a coisa certa. Você vai conseguir superar isto". E terceiro, você quer que seu filho saiba que você está feliz e desejoso de ajudá-lo a descobrir o que fazer. "Você não sabe o que fazer? Bem, eu tenho algumas sugestões para você se você quiser ouvi-las". Assim que ele perguntar "O que?" seu coraçãozinho se abre. O pequeno escudo que cobre seu coração contra toda a sabedoria sai. Então a sabedoria pode entrar lá, e você pode tornar-se parte de sua decisão. Esse "O que?" é música para seus ouvidos. Nesse ponto, você pode alimentar o faminto.

> "*Bem-aventurados os que têm fome e sede de justiça, porque serão fartos*"
> *(Mt. 5.6).*

E:

> "*Se, porém, algum de vós necessita de sabedoria, peça-a a Deus, que a todos dá liberalmente...*"
> *(Tiago 1:5).*

Organizando Nossa Bagunça

A resposta correta só pode vir com a pergunta correta, que é: "O que você vai fazer?". Se seu filho realmente estiver arrependido, vai organizar sua bagunça. Mas ele só conseguirá fazê-lo se você tiver um paradigma no qual você espera que ele seja capaz de encontrar o problema e assumir a responsabilidade por ele. Muitas pessoas não esperam isso dos outros. Elas esperam que, quando você fizer alguma bagunça, é problema deles arrumá-la, e têm que guiá-lo pelos passos necessários para fazê-lo. Eles precisam controlá-lo no problema. Seu trabalho é obedecer ou rebelar-se. Mas nada no interior mudará. É um paradigma de controle externo.

Pode ser amedrontador fazer isso com seus filhos, porque é vulnerável. Você está assumindo o risco de revelar seu coração, e não pode controlar o que eles farão. Mas é vital que você faça isso, porque, provavelmente, este é o caminho mais profundo para que seus filhos aprendam o quanto são poderosos. Suas escolhas têm o poder de machucar as pessoas a quem eles mais amam. E se eles não aprenderem isso quando jovens, não terão idéia de como resolver seus problemas quando adultos. É uma lição muito mais difícil de aprender quando ficamos mais velhos, embora possa ser feito.

Eu trabalho com muitos adultos em relacionamentos e casamentos que não sabem o que fazer quando fazem alguma bagunça. Quando alguém os manda a mensagem: "Você disse isso. Isso me machuca", eles não sabem como responder. Então eles dizem coisas como: "Bem, não deveria. Você é muito sensível". Isso sempre ajuda, não é? Na verdade não. Na verdade, isso cria um cenário mais ou menos assim:

Imagine que você tem um cachorrinho de estimação correndo pela casa e ele faz suas necessidade no chão da sala. Você pega o cachorrinho, bate nele com um jornal enrolado, e o joga de lado. Ah, problema resolvido, certo? Se o objetivo era punir o erro, então está resolvido. Mas, realmente, qual é o problema? A bagunça no chão é o maior problema! Você pode imaginar-se satisfeito após punir o cachorrinho, mas deixando a bagunça lá? "Vamos esperar para que seque, então não vai ficar grudado. É pior quando está fresco. Vai secar. Podemos colocar uma cadeira por cima para evitar que pisem". Por quanto tempo você viveria assim? Quantas bagunças um cachorrinho pode fazer em sua vida?

Mas é claro, você não faria isso, certo? Você correria de um lado para o outro para limpar a bagunça. Apesar disso, muitos lares funcionam assim. Quando pessoas fazem bagunças desrespeitosas em seus relacionamentos, eles freqüentemente as deixam apodrecer e encher o ambiente de seus lares. Não demorará muito até que não possam se mover sem que pisem em alguma coisa. Os anos encherão a casa. Esposos e esposas vão para a cama e a cama estará toda cheia. Está em todo lugar — bagunçado em todo lugar. E parece que todos continuam a pensar em formas criativas de ignorarem as bagunças. "O que? Você ainda se lembra disso?". Se torna normal viver em um ambiente cheio de bagunças desrespeitosas pelas quais ninguém toma posse para arrumá-las. A questão de quebrar as regras é abordada com punição, mas a condição dos relacionamentos e corações partidos são ignoradas.

O ponto é que, ignorar as bagunças dessa forma, é algo que aprendemos na infância. Essa lição nos ensina a valorizar a evitar punições mais do que manter uma conexão no relacionamento. Então, a interação na cadeira do *pense de novo* é bem importante. É onde eles conseguem descobrir qual é o problema, como isso afetou ou irá afetar a qualidade de suas vidas e relacionamentos, e obter as ferramentas que precisam para consertar as coisas e restaurar sua relação com quem eles mais amam. Esta confrontação saudável, assim como todas as outras formas que você demonstra amor pelos seus filhos, tem o poder de construir sua conexão com eles e estabelecer a prioridade do relacionamento em seus corações.

Houston, Temos Um Problema

Lembra-se do filme *Apolo 13?* É a história do programa da NASA onde um monte de coisas deram errado com a nave espacial quando os astronautas iam em direção à Lua. Há uma cena perto do final do filme onde Houston tinha que ajudá-los a descobrir qual era o problema com uma peça que não estava pegando o dióxido de carbono de suas respirações. Então eles tiveram que dar instruções aos astronautas, que tiveram que decifrá-las e tentar consertar o veículo com o que eles tinham a bordo. Sua preocupação seguinte foi saber se o módulo de comando, *Odyssey*, iria sobreviver à reentrada na atmosfera terrestre porque havia acontecido uma explosão quando os tanques de oxigênio estavam sendo misturados. Essa explosão danificou seus escudos de aquecimento. Uma reentrada com sucesso envolvia diversos aspectos — a força do escudo de aquecimento e do *Odyssey*. Um furacão estava se formando perto da zona de pouso e os pára-quedas talvez não abrissem na hora certa. Além disso, quando o veículo reentrasse, haveria três minutos onde eles perderiam a comunicação completamente. Depois disso, *Houston*[6] saberia se eles haviam sobrevivido.

6 N.T.: Cidade no Texas, Estados Unidos, onde fica a base central da NASA

Eu acho que essa é uma analogia pertinente à questão da criação de filhos. Você vê, essas pessoas maravilhosas que estão crescendo em sua casa, que te amam tanto, estão passando por uma fase chamada adolescência. E, nessa fase, coisas acontecerão dentro deles que eles não entenderão. Eles mudarão bem diante dos seus olhos enquanto eles tentam lidar com essa coisa chamada vida. Estas mudanças podem levar a momentos assustadores na criação de filhos adolescentes. Há momentos em que o sentimento é: "Eu não posso me comunicar contigo. Eu não posso alcançá-lo. Eu não sei onde você foi. Eu estou com medo do que está acontecendo contigo nesta fase". Vocês, como pais, são Houston tentando enviar mensagens para seus adolescentes, *Apolo 13*, para que eles descubram uma forma de consertar as coisas e concluir essa jornada de descobrir as coisas intactos.

É o relacionamento que temos com nossos filhos, em resumo, que os ajuda a manter seus escudo de aquecimento e módulo de controle fortes. Quando os hormônios e a pressão dos amigos e da cultura estão vindo raivosamente contra seus adolescentes, eles necessitarão da proteção de estarem conectados a seu coração. Se seu relacionamento com eles foi danificado, será difícil para eles resistirem às pressões externas e internas que estão enfrentando. É por isso que é tão importante que, quando coisas amedrontadoras acontecerem com seus filhos, você saiba como certificar-se que o amor lança fora o medo e sua conexão permaneça forte.

Quanto Brittney tinha 16 anos de idade, algo aconteceu que nunca imaginávamos que fosse acontecer. Nos desconectamos. Foi durante uma época quando nossa família estava se mudando de uma cidade para outra, e todos estávamos nos "desconectando" de nossos amigos e esperando para construirmos novos relacionamentos onde estávamos indo. Eu e Sheri não esperávamos o que estava por acontecer.

Isso foi em outubro de 2001. Havíamos nos mudado para Redding, vindos de Weaverville. Éramos os novos Pastores da Família na Igreja Bethel. Havíamos saído de nossa posição como pastores presidentes na Mountain Chapel em Weaverville. A vida estava cheia de mudanças, e de todas as emoções estranhas que vêm com uma mudança. Mas, em sua maior parte, a vida parecia bastante normal.

Eu cheguei em casa em uma noite de sábado depois de um longo dia trabalhando com indivíduos que cometeram violência doméstica em Weaverville. Eu demorava cerca de uma hora para ir do trabalho para casa, então não cheguei antes das 20h00min. Meus dois filhos saíram correndo em minha direção. Começarem a me dizer: “Pai! Mamãe está no chão chorando! Venha rápido pra dentro. Brittney sumiu!”. Eu não conseguia entender o que eles estavam me dizendo. Quando entrei em casa, minha esposa estava no chão da cozinha. Ela estava na posição fetal, chorando. Eu fui até o chão para perguntá-la o que estava acontecendo. Ela tentou articular algumas palavras: “Brittney sumiu”. Mesmo depois que ela me falou, eu não conseguia entender o que isso significava. Ela se levantou e começou a me contar toda a história.

Cerca de 09h00min da manhã Britt estava preparando-se para seu dia. Ela iria à casa de uma amiga a quem ela não via há vários anos. Foi ótimo para Sheri vê-la reencontrando uma velha amiga. Ela saiu de casa logo depois e disse que voltaria ao meio-dia. Britt tinha seu próprio carro, um celular, um emprego, e toda a confiança do mundo depois que saía pela porta.

Sheri tentou falar com ela por volta de 11:00 da manhã

para ver quais eram seus planos para o almoço. Ela deixou algumas mensagens no celular, mas Britt não retornou nenhuma delas. O telefone era novo para Britt e era incomum que ela não respondesse, quanto mais retornasse uma ligação. Então, Sheri ligou para a casa da amiga. "Ela nem apareceu aqui", disse a amiga. Sheri ficou surpresa, então confusa, e então começou a encher-se de medo sobre o que estava acontecendo.

Ela ligou para todos os lugares que sabia, tentando encontrar alguém que soubesse onde a Britt estava. Nada. Ninguém sabia onde ela estava. Era uma situação nova. Não havia muitos lugares onde ela poderia estar. O que estava acontecendo?

Finalmente, ela lembrou-se de ligar para um primo no sul da Califórnia. Havíamos recentemente viajado para o sul durante as férias e passamos um tempo lá com a família. Talvez Jake soubesse de algo. Sheri o perguntou se tinha alguma idéia de onde ela pudesse estar. Ele ficou um tempo em silêncio, o suficiente para que Sheri pensasse que ele sabia de algo. "Se você sabe onde ela está é melhor me dizer agora!", disse ela, acelerando seu caminhão amarelo.

"Ela conheceu alguém na internet no verão passado. Ela iria encontrá-lo no parque hoje pela primeira vez em pessoa", ele a contou.

Ela começou a suar frio com essa informação. "Obrigada, Jake". Ela desligou o telefone. Isto havia se tornado o pior pesadelo para uma mãe. Brittney estava indo encontrar-se com alguém que havia conhecido na internet. Havia 20 parques em Redding. Ela estava desaparecida há três horas. Ela havia introduzido o medo no relacionamento com Sheri como nunca antes.

Eu estava fora da cidade, sem sinal de celular durante todo o dia. Eu e Brittney estávamos com os dois carros da família. Estávamos em uma nova cidade em uma nova igreja. Não conhecíamos ninguém. Sheri estava em pânico. Tínhamos alguns amigos que poderiam nos ajudar: Kris e Kathy Vallotton. Ela ligou para o Kris e explicou a situação. Enquanto ela falava com ele, ele virou para Kathy e disse: "Ore, isto é sério". Ela desligou o telefone e fez tudo que podia fazer — esperar. Esperar até que eu chegasse em casa.

Assim que ouvi a história, liguei para a polícia. O policial começou a me pedir informações. À medida que eu descrevia minha filha e seu carro para a policia, eu comecei a entender tudo. Isto realmente estava acontecendo. Brittney havia sumido. Isso aconteceu desde as 09h00min da manhã e já era 20h00min, cerca de 11 horas até aquele momento. Enquanto eu estava ao telefone com a policia, o celular da Sheri tocou. Era Kathy Vallotton. Ela disse: "Kris perguntou ao Senhor onde ele deveria ir e Ele o disse para ir a um certo parque. Quando chegamos, lá estava ela, com um garoto. Um garoto de 17 anos. Kris foi até eles e disse para Britt entrar no carro comigo. Ele ficaria para conversar com o garoto. Eu estou com ela, e estamos indo para sua casa. Te vejo daqui a alguns minutos".

Ficamos tão aliviados que ela estava viva e, de repente, estávamos os dois furiosos! A conversa interna foi: "Tudo bem, ela está a salvo! Agora vamos matá-la!". Estávamos cheios de medo. E quem tem medo quer controlar. Sim, éramos nós. Queríamos desesperadamente controlar aquela garota, ao ponto dela não nos amedrontar assim de novo. *Nada engraçado!*

Ela entrou em casa ao lado da Kathy. O rosto da Britt estava vermelho, e ela parecia chateada. Eu apontei para a sala, e ela foi e sentou-se. Agradecemos a Kathy e ela se foi. Brittney não estava arrependida ou triste. Ela estava com raiva e defensiva, e seu comportamento me confundiu. Isto não era típico dela.

Tínhamos duas opções. Poderíamos mostrá-la nossa raiva, ou poderíamos mostrá-la o que realmente estava acontecendo, e era um coração machucado. Lembrei-me de haver aconselhado um amigo que havia passado por uma situação semelhante com sua filha adolescente. Mas não me lembrei que era tão difícil aconselhar quanto eu estava descobrindo que era fazê-lo. Eu estava com medo e machucado como nunca antes. Senti-me vulnerável e confuso. Então, foi onde começamos.

Sheri fez um ótimo trabalho, ficando sentada em silêncio durante todo este processo. Ela sabia que era a melhor escolha depois de um dia como o que ela havia tido. Ela vigiou quase o tempo todo, interrompendo vez ou outra. Eu me aproximei da Britt e comecei a dizê-la que estava com medo e machucado. Graças a Deus, sabíamos que, quando uma pessoa faz algo que nos amedronta ou machuca, é um erro mostrar raiva para sentir-se poderoso. A resposta de um ser humano para a raiva de outra pessoa é muito diferente do que uma resposta para uma pessoa que está machucada ou com medo. Então escolhermos a opção B e passamos uma noite mostrando-a nossos corações machucados. Fizemos isso porque sabíamos que queríamos uma conexão com ela e ela precisava saber que o que quer que seja que estivesse acontecendo com ela, bateu bem no meio dos nossos corações.

Quando eu a pedi que me ajudasse a entender como havíamos chegado "aqui" sua resposta foi mais ou menos assim: "Mãe e pai, eu sou uma cristã porque vocês são cristãos. Eu sou cristã porque eu sou uma filha de pastor. Todos os meus amigos são cristãos. Eu sempre fui a uma escola cristã. Todos que conhecemos são cristãos. Eu sou cristã porque todos que eu conheço são. Eu quero descobrir o que mais existe. Este livro," — disse ela, apontando para a Bíblia, — "é um monte de histórias para mim".

Tentei me preparar para o que estava por vir.

"Eu não quero mais ser uma cristã. Eu quero fazer coisas que outros adolescentes fazem. Não sei o que há de errado nisso. E sei que não é algo que vocês vão me deixar fazer." Ela seguiu dizendo: "Vocês não têm idéia da pressão que eu passo sendo sua filha. Todos pensam que eu tenho que ser perfeita. Bem, eu não sou! E não creio que tenha que viver como se fosse!".

Até aquele momento, eu pensava que aquela era a pior noite da minha vida. Mas depois dela haver feito essa revelação, eu não sabia mais se poderia me recuperar. Foi como se o chão desaparecesse e estava caindo sem parar. Eu não sabia o que fazer. Todos os meus anos aconselhando pais simplesmente fugiram de mim. Eu fiquei ali sentando em silêncio e orei durante todo o tempo minha oração favorita: "Jesus, Jesus, Jesus, Jesus, Jesus, Jesus!".

Não podia lembrar-me de muita coisa, mas podia lembra-me que deveria permanecer ligado ao coração da minha filha. E iria lutar. Eu me aproximei de quem mais me amedrontava e machucava, mais do que qualquer outro havia feito. Eu sentei aos seus pés e disse: "Britt, eu não fazia idéia que tudo isso estava passando pelo seu interior. Eu sinto muito. Eu deveria ter prestado mais atenção. Eu não tinha idéia que você estava passando por toda essa pressão. Mas isso é o que você tem que entender. Eu tenho uma prioridade real em minha vida. E é certificar-me que você, seus irmãos, sua mãe e eu, todos continuamos do mesmo lado, juntos, até o final. Então, se eu estou fazendo alguma coisa pra machucar nossa relação ou se o que eu faço todos os dias está colocando muita pressão em você, então eu vou parar. Amanhã vou encontrar outro emprego. Eu posso trabalhar em qualquer lugar. E é isso. Eu te amo, e me perdoe por não haver percebido tudo isso".

Todos fomos para a cama bem tarde naquele sábado à noite. Na manhã seguinte, como você deve ter imaginado, era domingo, e eu tinha que ir trabalhar. Eu tinha obrigações a cumprir. Tínhamos que ser os pastores da família na Igreja Bethel e estávamos lá há apenas um mês. Estávamos lá para mostrar a famílias como viver, e o havíamos feito há anos. Agora, repentinamente, a pergunta sobre como faríamos isso nos estava confrontando, em uma situação pela qual nunca havíamos passado e que estava totalmente fora do nosso controle.

Graças a Deus eu não estava pregando naquela manhã, porque pela metade do momento de adoração, eu não conseguia aguentar mais. Brittney havia ficado em casa, e eu saí do culto e fui para casa ficar com ela. Ela estava sentada no sofá assistindo um filme triste de meninas, daqueles que te fazem chorar, e eu vim e simplesmente sentei do lado dela. Eu coloquei suas pernas sobre as minhas e fiquei lá sentado sem dizer uma palavra. Ela não disse uma palavra. Eu realmente não sabia o que fazer a não ser o meu melhor para convencê-la de que a amava muito e permanecer ligado a ela era minha maior prioridade.

Mesmo que estivéssemos com medo, sabíamos que era a hora de Brittney, que estava servindo o Deus de seus pais, encontrar o seu Deus. Não é uma tarefa fácil deixar nossos filhos irem e dizê-los: "Encontre-O". Dias pareciam anos e semanas pareciam décadas. Ela não ia à igreja. Ela não fazia muitas coisas que gostaríamos de vê-la fazer. Mas ela não demonstrou desrespeito, ela não nos empurrou para longe, e não foi punida. Tentamos permanecer conectados durante o momento mais difícil pelo qual já passamos. E, ao final, fomos abençoados. Depois de quatro meses tentando entender certas coisas, ela tomou a decisão de seguir ao Senhor. Houve até mesmo um final de conto de fadas — Ben veio da Austrália, montado em seu cavalo branco, levou-a, e estão vivendo felizes para sempre. Mas foi o momento mais amedrontador de nossas vidas.

Eu conto esta história para mostrá-lo que não há garantias. Estou certo que você sabe disso. Eu e Sheri não temos aqui um livro de historinhas. Assim como você, estamos trabalhando ao máximo para permanecermos conectados com essas pequenas pessoas a quem tanto amamos, que tem que fazer suas próprias escolhas. É por isso que é tão importante que você entenda qual é seu objetivo na criação de seus filhos e desenvolva as ferramentas para alcançá-lo. O objetivo não é levá-los a limpar seus quartos; é fortalecer a conexão com seu coração. Vamos lidar com o quarto, mas se perdermos a conexão, perdemos o ponto principal. Podemos até ganhar a batalha, mas perdemos a guerra. Temos que aprender a permanecer ligados a seus corações à medida que os ensinamos a pensar, resolver problemas, serem responsáveis, serem respeitosos, serem amorosos. E você só pode permanecer ligado a seus corações quando souber como iniciar essa ligação e como protegê-la.

Guiado pelo Seu Olho

Eu também conto essa história porque eu sei que um dos seus maiores desejos como um pai cristão é guiar seus filhos com sucesso a um relacionamento com Deus. Perder esse objetivo é provavelmente um dos maiores medos que nós, como pais, temos. Estou convencido de que as ferramentas que tenho apresentado neste livro são chave para alcançar este objetivo porque elas são formas de se relacionar que vêm diretamente da forma que Deus se relaciona conosco na Nova Aliança. Como disse, creio que quanto mais nos aproximamos de amar nossos filhos como Deus ama, mais facilmente eles amarão ao Senhor.

Lembre-se, na Nova Aliança somos governados através do exercício do autocontrole. Mas o autocontrole é guiado pelos seus valores, pelo que é importante para você. Muitos pensam que o autocontrole é a habilidade de dizer que não a coisas ruins. Mas eu creio que autocontrole é muito mais positivo. Eu o defino como a habilidade de dizer sim a algo com tanta certeza que todas as outras opções são eliminadas — incluindo coisas que não são necessariamente ruins mas que poderiam distraí-lo na busca pelo que é mais importante e valioso para você. Pessoas com autocontrole identificaram sua maior prioridade, e seus valores por ela os motivam a buscá-la ao ponto de excluir todo o resto.

Há muitos atletas, homens de negócio, profissionais, artistas, e apresentadores em nossa sociedade que exercitam níveis extraordinários de disciplina para alcançarem seus objetivos. Mas cada cristão foi chamado para algo bem diferente e maior do que pura realização. Fomos chamados para sermos filhos e filhas de Deus. Nossa primeira identidade e prioridade é encontrada em nosso relacionamento restaurado e íntimo com nosso Pai. É através desta intimidade que temos que dar frutos e amadurecer como filhos que se parecem como Jesus. É através desta intimidade que damos frutos de autocontrole. Quanto mais profundamente conhecemos nosso Pai, mais nossos valores internos pela nossa conexão com Deus crescem, e são esses valores que nos motivam a adotar um estilo de vida que construirá e protegerá essa conexão.

Quero rever o que a Bíblia fala em Salmos 32:8-9 sobre

a forma que Deus quer que sua conexão conosco seja para nos direcionar:

> "*Instruir-te-ei e te ensinarei o caminho que deves seguir; e,* SOB AS MINHAS VISTAS, *te darei conselho. Não sejais como o cavalo ou a mula, sem entendimento, os quais com freios e cabrestos são dominados; de outra sorte não te obedecem.*"

A segunda parte do versículo é muito fácil de entender. O cavalo e a mula precisam de uma fonte externa de controle para direcioná-los. Deus não quer que sejamos controlados externamente mas, em vez disso, Ele quer que sejamos guiados pelos seus *olhos*. Agora, pense nisso por um minuto. Alguma vez algum globo ocular bateu em você? Não. Então como Deus nos direciona com Seus olhos? Os olhos são as janelas da alma. Deus nos direciona nos mostrando quais escolhas afetam Seu coração. Quando fazemos escolhas que violam nossa conexão com Ele e viola quem somos, o Espírito Santo nos convence, como uma mensagem que diz: "Ei, olhe para o Papai bem nos olhos. Você está vendo que o que você está fazendo machuca Seu coração?". Infelizmente, se ainda estivermos pensando como mulas, confundimos a convicção do Espírito Santo, pensando que é assim: "Ah, Deus está ficando com raiva. Ele vai bater em você se você não se consertar e começar a andar corretamente". Mas isso não é nem um pouco igual à convicção.

> "*E não entristeçais o Espírito de Deus.*"
> *(Efésios 4:30)*

Nossos pecados machucam Seu coração. E quando machucamos Seu coração, Ele nos convida a olhar em Seus olhos e ver isso. Ele nos confia Seu coração, e confia que a preocupação que temos pelo Seu coração nos guiará.

Este é o mesmo relacionamento que tenho tentado cultivar com meus filhos. Alguns anos atrás, cheguei em casa depois de uma viagem e percebi que a grama não havia sido cortada. Isso aconteceu durante as férias de verão, quando cortar a grama era o trabalho do Levi. Eu o perguntei: "Ei amigo, você viu a grama?"

Ele disse: "Sim, sim".

Eu perguntei: "O que você acha?".

"É, precisa ser cortada."

Eu disse: "Ah legal. E quando você vai fazer isso?".

"Bem, ah... amanhã?"

Eu disse: "Amanhã será perfeito. Ótimo. Legal".

Eu cheguei em casa no dia seguinte e a grama não havia sido cortada e ele estava fazendo outra coisa fora de casa. Ele chegou e eu disse: "Ei, amigo, eu cheguei em casa hoje e a grama não estava cortada".

Ele disse: "Eu esqueci".

Eu disse: "É, eu sei. Então você quer que eu me esqueça que você quer que eu compre algumas coisas para o futebol?".

"Não."

"Certo, então como você acha que eu me sinto quando você se esquece de cuidar de algo que é importante para mim e que você disse que cuidaria? Como acha que me sinto?"

Ele disse: "Nada bem. Machucado. Me perdoe".

"O que você vai fazer?"

"Vou cortar a grama."

"Quando?"

"Pela manhã."

Eu disse: "Tudo bem".

Ele disse: "Pai, me perdoe".

Eu disse: "Eu te perdôo".

A grama estava cortada quando cheguei em casa. Acho até mesmo que ele fez isso pela manhã. Sem gritos, ameaças ou descontos estavam envolvidos. Não houve alguma atitude como: "Não acredito nisso. Você teve o dia todo. Eu trabalho, você não. Eu sou maravilhoso, você não". Ele simplesmente olhou em meus olhos e viu meu coração, e isso importa para ele porque estamos com nossos corações conectados. Eu posso guiar meu filho com meus olhos porque eu confio nele. Eu confio que Levi se preocupa com meu coração, e isso eu vou mostrar a ele. A preocupação que Levi tem pelo meu coração o guia.

Se ele não se preocupasse com meu coração, então ele não teria se importado quando eu o mostrei a ele. E se ele não se importasse com meu coração, então a grama não seria importante. Sua única esperança para influenciar seu adolescente é uma conexão de coração. Você não pode governar um adolescente com regras. Você pode governar os menores com regras, mas à medida que as crianças crescem, sua influência será determinada pelo seu valor pelo seu relacionamento com você. Se lutas por poder machucaram sua conexão, então eles provavelmente não se importarão como suas escolhas o afetam.

Criar um adolescente é como empinar pipa em um dia com muito vento. Adolescentes são balançados pela cultura, pressão dos amigos, e pelos hormônios e a linha é minha conexão com meu adolescente, do meu coração para o seu. E se essa linha está toda rasgada pelas lutas por poder e pelo desrespeito, a força contra ele será muito grande. Não demorará muito até que a linha arrebente, e lá se vai meu filho, levado pelas forças deste mundo. E quem mais o quer influenciar, quem mais o ama, quem mais tem essas jóias de sabedoria para sua vida, é cortado. Queremos aprender a fortalecer a conexão entre o coração de nossos filhos e o nosso, para que os possamos guiar com nossos olhos. Quando eles olham em nossos olhos, eles saberão: "Ah, o que estou fazendo está afetando seu coração. Está te machucando. Me perdoe". Eles se direcionam para nos honrar. Isso é ser governado de dentro para fora.

Verdadeira Submissão

Submissão é um sinal de uma conexão de amor. Não tem nada a ver com pressão externa. Verdadeira submissão diz: "Eu direciono a mim mesmo para honrá-lo e te dar poder em minha vida. Eu escolho permanecer conectado a você". Creio que verdadeira submissão é a chave para nos tornarmos tudo que podemos ser. Uma das razões pelas quais Deus faz tanto para proteger nossa liberdade é que só poderemos nos tornar as pessoas que Ele criou para sermos através da submissão voluntária ao que é importante a Ele. Isso é chamado fé. Talvez não entendamos Suas razões ao nos pedir para fazer alguma coisa em especial, mas porque temos uma conexão com Ele, confiamos Nele e nos submetemos a fazê-lo porque é importante para Ele. É isso que Ele quis dizer quando falou:

> "*Se me amais, guardareis os meus mandamentos.*" *(João 14:15).*

Verdadeira obediência só pode fluir do amor. Esta obediência é o que faz o nosso melhor aparecer.

Da mesma forma, creio que sem verdadeira submissão e obediência que flui de uma conexão de amor conosco, nossos filhos não poderão crescer e desenvolver o potencial que vemos e desejamos ver acontecendo.

Alguns anos atrás, Levi não passou em metade de suas notas no teste geral do primeiro período no Ensino Médio. Sua conselheira escolar nos avisou que ele teria que refazer um dos testes. Ele não tinha conseguido passar por um ponto.

À medida que a data se aproximava, o perguntei se ele estava estudando para o teste.

Ele disse: "Isso é idiota. Eu não ligo pra nota que tiro nesse teste. Da última vez fiquei apenas fazendo desenhos nas bolinhas da folha de resposta".

"Uau!" — pensei para mim mesmo — "E você não passou por apenas um ponto? Hmmm?". Mas o que realmente falei foi: "Amigo, olha, preste atenção. Acho que você pensa que isso é para medir sua inteligência. Não é. É para medir sua vontade de tentar. Eu sei que não é divertido, mas é muito importante para mim que você tenha o desejo de tentar. Eu não ligo pra sua nota neste teste. E quer saber? Posso apostar que não existe ninguém, nem mesmo o seu diretor, que saiba sua nota nesse teste. Você sabe sua nota do ano passado? Você sabe a nota do Taylor? Eu não sei nenhuma das minhas. Ninguém sabe. É um grande segredo. Eles as guardam lá na casa do Mágico de Oz. A menos que você seja um gênio, ninguém liga. Mas o que importa é que você tente quando as coisas são difíceis. É uma lição tão importante, que você enfrente as situações difíceis na vida. É uma parte do processo de tornar-se um homem e não deixar que as falhas controle sua vida. É uma lição que quero que você aprenda. É importante pra mim. O que você vai fazer?".

Ele disse: "Odeio quando você diz isso".

"Provavelmente."

"Eu não sei o que vou fazer, pai".

Eu disse: "Bem, quando você descobrir, eu preciso ir falar com sua conselheira e dizê-la o que você vai fazer".

Ele foi e refez o teste. A próxima parte que ele precisaria fazer era matemática, sua pior matéria. Depois ele me disse: "Sabe, eu olhei pra cada problema e não sabia a maioria deles. Mas tentei em todos eles".

"E como você acha que foi?", perguntei.

"Eu não sei, mas tentei desta vez."

"E como você se sente agora?"

"Melhor. Melhor que só fazer desenhos nas bolinhas."

Seu coração está conectado com meu coração, e meu coração está conectado com o seu. É tudo que importa pra mim. Eu não ligo para suas notas nas provas. Eu me importo se ele vai mesmo tentar, não importando o tamanho da montanha em sua vida. É tudo que importa para mim. Se eu sei que ele consegue fazer isso, e se ele sabe que pode fazer isso, então saberei que ele vai ficar bem. Eu posso pedi-lo para responder ao que me importa antes que ele entenda isso, porque temos um relacionamento de confiança, amor, respeito e honra.

Obviamente precisamos ter um relacionamento para que possamos fazer isso, porque, caso contrário, isso seria entendido como uma punição raivosa. Mas quando você tem um relacionamento, você pode deixar a pessoa ver seu coração através de suas ações assim como suas palavras. Pessoalmente, creio que é melhor que você simplesmente diga: "Quer saber? Machuca meu coração saber que você não está dando seu melhor. Acho que você pode melhorar". Mas use sabedoria para reconhecer quando algo mais é necessário além das palavras.

Prevenindo Problemas

Para concluir, quero dizer que talvez seja fácil para você ler este capítulo e pensar que manter uma relação de amor com seu filho tem tudo a ver com confrontação e a cadeira do pense de novo. Muitas pessoas não sabem como fazê-lo bem, então valerá à pena aprender. Mas se nós, como sociedade, estamos aprendendo sobre saúde, à melhor forma de viver é pensar de forma preventiva, para adotar um estilo de vida de saúde que criará um ambiente onde problemas não tendem a acontecer freqüentemente. Quando problemas acontecem, uma pessoa sadia pode sair deles muito melhor e mais rápido.

A única forma que qualquer uma destas ferramentas para consertar problemas pode funcionar é se vocês, como pais, já têm como prioridade seu relacionamento familiar e estão investindo seu tempo e energia nesses relacionamentos. Elas só podem funcionar se você estiver criando, proativamente, um ambiente de amor em sua casa através de suas palavras e ações. Muitos de nós estamos familiarizados com coisas simples que ajudam a construir relacionamentos — servir uns aos outros, rir juntos, falar, colaborar, encorajar e confortar uns aos outros. Como crentes, também temos o privilégio e a responsabilidade de reconhecer e fazer o destino um dos outros vir à tona. Quando vocês constroem e se alegram uns com os outros destas formas, você fará com que o valor de seu relacionamento cresça. E é este valor, o valor que vem através de alegrar-se e servir um ao outro, que deixarão claras as escolhas que seus filhos terão que fazer quando houver algum problema.

Minha exortação final para você é que você continuamente busque formas de crescer como amantes proativos e extravagantes em sua casa. Ame no propósito, assim como Deus ama:

Sede, pois, imitadores de Deus, como filhos amados; e andai em amor, como também Cristo nos amou e se entregou a si mesmo por nós, como oferta e sacrifício a Deus, em aroma suave (Efésios 5:1-2).

Pontos Finais para Reflexão:

1. Você dá espaço para que seus filhos expressem suas vontades e influenciem suas decisões de uma forma apropriada?

2. Você já usou a vergonha e comandos para levar seus filhos a sentirem remorso pelos seus erros? Por que é mais difícil, porém mais efetivo mostrá-los um coração machucado?

3. Você é uma pessoa que precisa ter as respostas o tempo todo? O que você deve fazer para suspender suas necessidades de estar certo, quando isto envolve deixar seus filhos descobrirem seus problemas e uma solução para eles?

4. Por que é tão vital que você comunique sua fé em seus filhos em meio às suas falhas?

5. Qual é a diferença entre punir pessoas por fazerem uma bagunça e realmente limpar a bagunça?

6. Quais são as coisas que você deseja que seus filhos se edifiquem, para entrar numa conexão de coração para coração entre vocês?

NOTAS FINAIS

Recursos Ministeriais

SESSÕES DE TREINAMENTO EM VÍDEO E ÁUDIO E CADERNO DE EXERCÍCIOS DE AMANDO NOSSOS FILHOS NO PROPÓSITO

Por favor, visite: www.LovingOnPurpose.com

Esta é uma nova visão sobre a velha questão do papel na criação de filhos. Amando Nossos Filhos no Propósito traz os princípios do Reino de Deus e avivamento em nossa estratégia como pais. Essas seis horas de treinamento estão disponíveis tanto em DVD quanto em CD. Como acompanhamento, há também um Caderno de Exercícios para turmas e treinamentos em grupo.

DEFININDO O RELACIONAMENTO: UM CURSO PRÉ-MARITAL PARA QUEM QUER CASAR

Por favor, visite: www.LovingOnPurpose.com

Dentro desta série de nove sessões, você descobrirá o estilo cômico do Danny de apresentar, uma séria verificação da realidade, para que casais possam levar em consideração ao entrarem em discussões sobre casamento. O objetivo desta série é partilhar coragem – coragem tanto para passar por realidades desafiadoras do relacionamento quanto para sair de um relacionamento.

Leituras Recomendadas

- *Quando Jesus teve sede*, por Dawidh Alves;
- *Los Niños Necesitan de Libertación?*, por Jesher Cardoso;
- *Guerra de Deuses*, por Rony Chaves;
- *Israel, o Relógio de Deus* por Francisco Nicolau;
- *Falando de Adoração*, por Dawidh Alves;
- *Elias Outra Vez*, por Rony Chaves;
- *Nos Passos do Profeta 2*, por Dawidh Alves;

-Para uma lista completa de nossos livros, visite-nos em www.culturadoreino.com.br